云南大学缅甸研究院

缅甸评论

第 1 辑

祝湘辉◎主编

孔鹏　杨祥章◎副主编

世界知识出版社

图书在版编目（CIP）数据

缅甸评论 . 第 1 辑 / 祝湘辉主编 ; 孔鹏，杨祥章副
主编 . — 北京 : 世界知识出版社，2023.5
ISBN 978-7-5012-6648-7

Ⅰ . ①缅… Ⅱ . ①祝… ②孔… ③杨… Ⅲ . ①缅甸—
研究 Ⅳ . ① K933.7

中国国家版本馆 CIP 数据核字 (2023) 第 068090 号

责任编辑	刘豫徽
责任出版	李　斌
责任校对	张　琨
书　　名	缅甸评论（第 1 辑） Miandian Pinglun (Di1Ji)
主　　编	祝湘辉
副主编	孔　鹏　杨祥章
出版发行	世界知识出版社
地址邮编	北京市东城区干面胡同 51 号（100010）
网　　址	www.ishizhi.cn
电　　话	010-65265923（发行部）　010-85119023（邮购电话）
经　　销	新华书店
印　　刷	北京虎彩文化传播有限公司
开本印张	710 毫米 ×1000 毫米　1/16　15 印张
字　　数	167 千字
版次印次	2023 年 5 月第一版　2023 年 5 月第一次印刷
标准书号	ISBN 978-7-5012-6648-7
定　　价	79.00 元

云南大学缅甸研究院主办

主　编　祝湘辉

副主编　孔　鹏　杨祥章

编委会（以姓氏音序为序）

发 刊 词

早在公元前4世纪，中缅两国人民便通过"蜀身毒道"往来通商、互通有无。唐德宗年间，骠国王子舒难陀率乐团不远万里奔赴长安献乐，为两国留下流传千年的"骠国献乐"佳话。从古至今，一代代中缅交往使者越过边境，到达对方国家，通过文化、贸易交流增强了中缅友谊。如今，一群怀揣和平友好祝愿的年轻学者扬帆起航，以史为鉴，开创未来，究异域国情，搭研究桥梁，以《缅甸评论》共建学术研究之基石。

《缅甸评论》由国内唯一缅甸研究专业学术机构——云南大学缅甸研究院负责编写，是一本以学术研究为宗旨的刊物，研究领域涉及缅甸的政治、经济、文化、历史、外交、安全及语言等，在研究缅甸方面独树一帜。在新时代中国特色社会主义思想和习近平外交思想指导下，《缅甸评论》致力于为全国高校、科研机构和国家决策部门提供专业缅甸研究的公共平台，期待通过向世人介绍缅甸学界重要著作及最新动态来增进两国民心互通，努力成为中国缅甸研究新风向标。

历史使命——继往开来，携手共进

2005年12月，云南大学缅甸研究院正式成立，成为继1986年成立的美国北伊利诺伊大学缅甸研究中心之后的全球第二个专业性缅甸研究机构，也是我国迄今为止唯一的实体性缅甸研究机构，其前身为成立于2002年的云南大学东南亚研究所。缅甸研究院从无到有，其中饱含创始者们的汗水与艰辛，众多研究者朝夕不倦、力争上游，努力将云南大学缅甸研究建造成国内缅甸研究领域中的佼佼者。

脚踏实地，行稳致远。10年来，缅甸研究院的学者们践行学术理想，遵循学术规范，以严谨的研究态度，不懈的奋斗精神，运用科学理论和方法对缅甸进行深度研究。不忘初心，不辱使命，连续10年举办缅甸年度形势与中缅关系研讨会。缅甸研究领域创造了许多优秀成果，既有定期不定期出版的10多本缅甸研究丛书，也有10年持续出版的《缅甸国情报告：缅甸蓝皮书》，还有一批高质量的中英文学术期刊论文。同时，缅甸研究院会聚各路优秀学者，目前专职研究人员9位，博导3位，以及多名博士研究生及硕士研究生，优秀的教师和学者同朝气蓬勃的学生们聚在一起，形成一支极具凝聚力的优秀团体。除此之外，还有北京大学李谋教授、叶大波大使等业界前辈长期担任缅甸研究院顾问。同时，缅甸研究院与国内外众多的大学、研究机构和相关的社会团体建立了广泛的联系与合作，与缅甸仰光大学、曼德勒大学、曼德勒外国语大学、缅甸外交部战略与国际问题研究所、缅甸战略与国际问题研究中心、民盟智库贝达研究院、缅甸调查研究所等机构开展了密切合作，联合举办多次国际会议，共同开展课题研究并出版著作。

成长中的缅甸研究院不断向前，过去的成绩只是起点。承担着历史重任与使命的缅甸研究院未来必将进行更加精细化的研究与发展，致力于将自身打造成世界顶级的缅甸研究平台。

同时，作为缅甸研究院主持的最新刊物，《缅甸评论》承接缅甸研究院的历史使命，通过介绍缅甸学界最新成果和动态，为国内乃至世界展示中国学者的风采，为缅甸研究者们搭一座便捷的沟通之桥。《缅甸评论》除为研究者们提供学术思想交流平台以外，始终坚守缅甸国别研究的阵地，尽可能接近研究缅甸文本和田野资源，实施深度田野调查，对其进行精细化研究，这种在缅甸研究领域的专注、坚守和深耕细作终将结出累累硕果。依托《缅甸研究》，缅甸研究院发挥智库优势，源源不断吸引海内外青壮才俊，定能将区域国别研究中的缅甸研究办出水平，办出特色。

初心坚守——赤子之心，踔厉奋发

《缅甸评论》肩负时代使命，体现学者坚守。正是有了云南大学缅甸研究院 10 年的坚持不懈，才有了今天的《缅甸评论》，这就是坚守的力量。近年来，随着区域国别学的兴起，云南大学缅甸研究院的缅甸研究逐渐成为学界特色亮点，缅甸研究院以促进中缅交流为目标，不断开拓创新，攀登高峰。《缅甸评论》也将延续云南大学缅甸研究院优良传统，以缅甸研究为核心，坚守国别研究阵地，发挥智库作用，服务中国外交，并将引领全国有志于缅甸研究的学者始终不渝地向着这个目标迈进。

10 年征程，不忘初心、牢记使命，让云南大学缅甸研究院闻名遐迩；10 年锲而不舍，有始有终，让云南大学缅甸研究院获得了学界及外界的支持，这是坚守的成果，亦是内心的呼唤与牵引。《缅甸评论》在这样的坚守下终将走向成功，铸造辉煌！

青年担当——不负使命，不负韶华

习近平总书记说，未来属于青年，希望寄予青年。青年是整个社会力量中最积极、最有生气的力量，国家的希望在青年，民族的未来在青年。10年来，云南大学缅甸研究院努力培育青年学者，为缅甸研究领域输送新鲜血液。从2020年至今，云南大学缅甸研究院承办三届"全国缅甸研究政治青年论坛"，共有来自全国多所高校的近百名青年学者从政治经济、社会文化、历史宗教等领域出发，分享优秀研究成果，为我国缅甸研究事业贡献力量。

《缅甸评论》将以更加青春的力量向外界展现青年学者崭新的面貌。作为一本全新的缅甸研究刊物，《缅甸评论》提倡多元化、年轻化的精神内核，主要收录来自全国高校及研究机构的年轻学者们的研究成果，希冀为青年学者构建一个展现自身才华与能力的平台。期待广大青年学者们脚踏实地，面向未来，大胆探索，不断创新，为本刊输送精品。青年学者的加入必然能让本刊展示自身的"创新元素"，助力本刊走向更加广阔的平台。

开拓创新——与时俱进，阔步前行

创新是一个民族进步的灵魂，是一个国家兴旺发达的不竭动力，也是中华民族最深沉的民族禀赋。"惟创新者进，惟创新者强，惟创新者胜"。墨守成规只能被淘汰于时代的洪流之中，不得所为。学术研究也是如此，只有拥有学术创新精神的人，才能立于不败之地。10年来，云南大学缅甸研究院不断推陈出新，把握学术研究新动向，在学术成果、民间交往、智库合作、国际交流等方面成就斐然。未来的日子里，我们欢迎朝气蓬勃的青年学者们以学术创新为理想，迎难而上、乘风破浪，谱写学术创作新篇章。

响应时代号召，奏响求是乐章

我们生活在一个变动的时代，见证着当代中国的精彩跨越，也见证着此起彼伏的地缘冲突。习近平总书记把握历史洪流，提出"构建人类命运共同体"的伟大构想。区域国别学的设立恰逢其时，它承载着中国对建设人类美好世界的崇高理想和不懈追求，也适应了新时代中国与世界关系的历史性变化。缅甸是"一带一路"沿线重要国家，是与中国携手共建人类命运共同体的三个东南亚国家之一，也是区域国别学研究的重点国家。本刊鼓励学者们对缅甸政治、经济、文化、历史及语言等多领域展开研究，对缅甸研究各领域知识进行整合与交流，满足国家的对外交往需求，促进中缅关系发展，架构两国人民沟通桥梁，推动"中缅命运共同体"建设。

李晨阳

云南大学缅甸研究院创院院长

目　录

卷 首 语

缅甸是中国重要的邻国和"一带一路"建设的重要合作伙伴。2021 年 2 月 1 日，缅甸军方再度接权，其国内形势及对外关系都发生重大变化。为此，云南大学缅甸研究院联合世界知识出版社推出首辑《缅甸评论》，以期为国内缅甸研究学人和关注缅甸的各界人士提供更多有助于了解缅甸历史与现状的资料和视角。

本辑《缅甸评论》共分为"形势综述""内政外交""历史文化""语言文学"和"缅甸研究动态摘编"五个部分。

"形势综述"部分通过一篇《2021 年缅甸形势综述》，全面分析了 2021 年军人接权以来，缅甸政治、经济、外交和社会各方面形势的综合变化。

"内政外交"包括两篇文章。《2021 年 2 月以来缅甸与东盟关系发展与展望》同样涉及缅甸与东盟的关系。作者认为，东盟在推动缅甸和解方面虽然取得一些成效，但面临诸多挑战，未来缅甸与东盟关系的走向受到内外部因素的影响。《疫情背景下中日两国对缅甸抗疫援助的比较研究》认为中国对缅甸的抗疫援助具有直接援助、全方位援助的特征，日本的对缅援助则以间接援助、有限援助为特点。

"历史文化"包括一篇文章。《19 世纪英国对克钦山区的入侵与统治》回顾了 19 世纪英国入侵克钦山区并最终确立其在克钦山区殖民统治权的历程。

"语言文学"包括三篇文章。《近四十年来中国学界的缅甸语研究述评》认为，历史语言学是中国学界近四十年来在缅甸语研究中最重要、高水平成果最为集中的研究范式，对整个缅甸语的研究起着示范引领作用。《从困境走向复兴的缅甸文学——政治转型后缅甸文坛回顾（2011—2021）》提出，强烈的现世精神、朴素的生存意志以及深沉的忧患意识是 2011—2021 年缅甸小说的三大重要精神维度，相关作品深深流露出对底层民众的深情关切、对世俗生活的美好追求以及对社会矛盾和生活危机中的忧患认知。《从日常网络社交用语看社会通用缅甸语在网络空间的变异与发展》提出，缅甸语网络社交用语是现代缅甸语的一种社会语言变异形式，主要表现在语音、词汇和语法以及数字、文字符号等的使用上。

"缅甸研究动态摘编"以摘要形式，对 2021 年以来国外重要的缅甸研究论文、研究报告进行了翻译和摘编。

祝湘辉

2022 年 7 月 28 日

2021 年缅甸形势综述

张添 [①]

【摘　要】2021 年 2 月 1 日缅军执政，缅甸政治、经济、外交和各方面形势均发生了重大变动。政治局势方面，军人执政引发了一系列的乱局，虽然军人依托于武装力量和控局能力基本压制住乱局，但控局有余、治局不足，反抗者集合了前政府和部分少数民族武装力量。非暴力和暴力抗争并存，反抗者寻求国内外动员，军人有意走向比例代表制，在民族和解洗牌的同时，若开问题有所边缘化。经济形势方面，看守政府采取了财政、货币等方面的措施积极止损，但整体表现欠佳，经济增长减速，物价不稳，贸易和投资下降，失业与贫困问题加剧。外交形势方面，缅甸与大国关系展现了亲疏有别的排序，中缅关系出现了一定波折，但也迎来新的机遇。

【关键词】缅甸；政治局势；经济形势；外交形势

2021 年，缅甸陷入全方位的大变动时期。本文梳理了缅军执政后的缅甸政治局势，包括执政后的政局乱象、军人控局手段成效与困境、反抗者发起的非暴力与暴力抗争、缅族精英矛盾、政党政治与族际关系；缅甸经济形势，包括缅甸政府采取的经济政策；缅甸外

---

① 张添，北京大学区域与国别研究院助理研究员。

交形势，包括外交政策与格局、大国外交、区域外交，并重点讨论中缅关系，为缅甸相关领域的研究提供参考。

一、2021 年的缅甸政治局势

2021 年缅甸政局基本上围绕着军人执政而来。军人执政后，先后通过"国家管理委员会"和"缅甸联邦看守政府"两个机制控制局面和治理国家。由于军人执政的突发性、争议性及其在缅甸历史中蕴含的不良历史记忆，缅甸政治从原有的"军政关系"和"民族和解"两条主线分裂重组为"控局线""抗争线"与"和解线"相互交织缠斗的混乱局面。为厘清这些乱象，需通过多维视角，即自上而下的军人控局、自下而上的抗争政治，以及重新梳理党际与族际问题的平行视角来观察。

（一）军人执政：乱局屡现、控局有余、治局不足

2021 年 2 月 1 日当地时间凌晨三点，缅甸国防军突然宣布接管政权，国家进入紧急状态，缅军还秘密拘禁了包括国务资政昂山素季和总统温敏在内的众多前民盟政府高官。本次执政事件带来了政权的突发性更迭，并否定了 2020 年 11 月的全国普选结果，其引发的一系列政局变动是具有连锁性的。

1. 合法性困境与政局乱数横生

由缅军任命的副总统吴敏瑞就任代总统，代总统将国家权力交给总司令敏昂莱，使得敏昂莱成为统管缅甸内政外交、立法行政司法及军权的国家实质领袖。敏昂莱依据"国防军第 9 号令"宣布成

立"国家管理委员会"（SAC）。军人还在执政后各种场合解释执政行为如何符合 2008 年宪法第 419 条，并拒绝被称为"政变"或"夺权"。[①] 2021 年 8 月，军人宣布重组"国家管理委员会"为"缅甸联邦看守政府"，许诺在 2023 年底"视情交权"，实则保持了"国家管理委员会"和"看守政府"的双重机制，以便建立"依宪执政"的绝对合法性。虽然军人具有绝对的力量优势，但一年内仍乱象横生，这也源于各派对军人执政合法性／非法性的不同理解。一方面，部分 2020 年胜选后的民盟人士表现出"绝不向军人妥协"的姿态，渴望通过国内外动员，走流亡政府的老路来"夺回政权"；另一方面，军人也跳脱不出以上视下、绝不妥协的姿态和依仗暴力维稳的路径，加剧了族际分裂，增加了政治互信的赤字，这就导致矛盾无休止嵌套，新的和解路径并无立足点。由于乱局的双方都预设对方才是乱局的肇事者，并且坚持以暴制暴，加之并没有更高级别的调解机制，因而乱局纷发。2021 年 2 月 1 日以来，仅半年内就发生针对民用场所的爆炸案 2390 起、枪击案 304 起，针对政府机构的纵火案 386 起，共造成 799 名普通民众死亡；[②] 外媒则引用非政府组织的数据称，缅军执政后年内约有 12 000 人死亡，其中 1503 名涉嫌被军人所杀。[③]

---

① "State Administration Council's Endeavours for State Peace and Stability and Rule of Law in February 2021," *The Global New Light of Myanmar*, March 6, 2021.

② "We Are Confident You All Can Discern whether the Right or Wrong, the Justice and Injustice, the Cause and Effect, and the Good and the Bad upon the Situations Occurring in Myanmar, Based on What You Have Heard and Seen: MoI Union Minister." *The Global New Light of Myanmar*, September 10, 2021.

③ "NST Leader: ICJ's Ruling on Myanmar," *The New Straits Times*, July 2022, https://www.nst.com.my/opinion/leaders/2022/07/815981/nst-leader-icjs-ruling-myanmar/.

2. 军人控局：手段与成效

军人基本做到了一年总体控局，结合军人的手段和成效来看，又可分为四个阶段。首先是"尽量克制"的回避阶段。2021 年 2 月 1 日执政后至 3 月中旬前，军人对"公民不服从运动"（CDM）反应迟缓，尽量不表态，内含某种"大事化小，小事化了"的意图。总体来说，军人试图避免卷入更大的风险，避免国内政治问题被国际化。从成效来看，初期控局效果不彰，不仅给反抗者留足动员时间，还让对手占据了舆论和道义的优势，最终只是拖延了冲突爆发的时间。其次是"有限回应"的试探阶段。3 月中旬出现"打砸抢烧事件"后，缅军开始"乘势控局"，针对仰光莱达雅镇等多地进行了军事管制。不过，军方对国内民意和国际反应并未做好充分准备，因此在一些以西方国家为首的外国大使馆发布谴责信息后，又开始"进二退一"，如自 3 月 20 日开始陆续释放被抓捕的选举委员会成员，对昂山素季诉讼的开庭不断延期，持续公开发布延长停火声明，等等。至 4 月中旬，军人开始逆转最初的不利局面。再次是"持续对峙"的拉锯阶段。自 4 月中旬反对派成立"民族团结政府"（NUG）以来，军人开始多手段并举。例如，通过国管委的执政声明将"民族团结政府"等界定为"恐怖组织"，[①] 对反抗者成立"人民防卫军"（PDF）的行为毫不手软，并在边境地区实施"戒严令"，防止更多少数民族

---

① The Global New Light of Myanmar,"Second-month Performance of the State Administration Council," *The Global New Light of Myanmar*, April 21–22, 2021.

地方武装（以下简称"民地武"）受动员加入其中。① 此外，制定各类"惩戒令"，对参与反抗的公务员能够"悔过"者表明不予追究，否则立即开除并追究连带责任。② 随着"看守政府"于8月宣布成立，军人在与反抗者的拉锯战中的优势展露无遗。最后是"逐步压制"的硬控阶段。随着国际社会建立由东盟来协调解决缅甸问题的共识，缅军逐步放下可能会遭大国武装介入的心理芥蒂，并放手对反抗者进行压制。一是建立"政党联盟统一战线"。成立新的选举委员会后，军方与三分之二以上的注册政党取得联系，并在5月、10月、12月大会中就"重建缅甸选举制度"达成共识，实现改组比例代表制的战略布局。③ 二是围攻民盟。军人开始完成对不同级别民盟前高官予以轻重不同的起诉、审判和判罚，如利用前仰光省省长漂敏登的举证追踪昂山素季的"贪腐证据"，并在年底首次宣判昂山素季2年监禁；民盟自身党员温腾被以"叛国罪"判处20年监禁；等等。看守政府虽谈不上对反对派的全面压制，但在其硬控下国际社会担心的"全面内战"并未爆发，军人基本把持住了局面。

3. 军人控局的困境

军人控局的困境特征是"控局有余、治局不足"，即强制手段的依赖和路径的不可持续性，具体来说，又包括政治困境、道义困境

---

① "Republic of the Union of Myanmar State Administration Council Martial Law Order 5/2021," *The Global New Light of Myanmar*, May 14, 2021.

② "Myanmar Construction Ministry Sacks 181 Striking Staff," *The Irrawaddy*, May 26, 2021.

③ "UEC Discusses Electoral Reform with Political Parties," *The Global New Light of Myanmar*, December 25, 2021.

和治理困境。政治困境指军人未能跳出历次军人干政后的结构性困局。缅族精英内卷带来矛盾外溢，民族和解被迫中止，政治格局再度回归军人、文官派和少数民族的"三方博弈"。[1]军人无法通过强制手段达成缅族内部统一。道义困境指军人虽能够武力控局，却深陷合法性困境。军人在与反军人力量的武装冲突中占尽上风，但军人孜孜以求的国家领头人角色却始终无法得到公认。军人可以在法律上罗列昂山素季等民盟领袖的"罪状"，却无法抹除其在某些缅甸民众中的地位。治理困境主要是指军人寻求制定比前政府更高明的施政方针。"维稳"是缅军2021年一年主要的施政目标，而更迫切的经济发展、民族和解和疫情管控则建树有限。

（二）抗争政治：静默示威与武装抗议

随着局势演变，弥漫全缅的抗争政治愈演愈烈。"静默示威"和"武装抗议"成为两条相互交织、相互影响但又独立存在的抗争政治线。

1. 静默示威：非暴力抗议的延续

执政伊始，社会抗争的主题是"言行反对"，流行于各家各户的"敲锅运动"，逐步演绎出各种各样的街头行为艺术，意在表明对军人的不满，甚至蕴含着对军人"自觉放手"等不切实际的希望。[2]

---

[1] 张添:《后军人时代缅甸的"双头政治"及其外交影响》,《东南亚研究》2020年第1期，第46—49页。

[2] The Global New Light of Myanmar, "State Administration Council's Endeavours for State Peace and Stability and Rule of Law in February 2021," *The Global New Light of Myanmar*, March 6, 2021.

在丢失了权力的民盟人士开始组织"当选议会代表委员会"并开始进行广泛的社会动员后，示威者逐步释放胸中怒火，在疫情仍旧严重的情况下纷纷上街，还动员公务员和军警基层人员加入，形成一场浩浩荡荡的"公民不服从运动"。在 3 月前，这些运动也仍然保有一定的"非暴力"自觉性，只是随着棍棒、弹弓、刀子的使用，单纯的游行示威逐步超越非暴力原则。不过，非暴力式的抗议并未消失。接近年末的再度兴起网络引领的"静默罢工"（Silent Strike）倡导：避免接触、减少疫情风险，以停工和居家抗议为主。12 月 10 日为纪念"世界人权日"，抗议者倡导民众上午 10 点至下午 4 点全国百姓不要出门，店铺不营业。① 即便是非暴力抗议，军人也未必能够完全接受。比如，来自公务员、公立学校、医疗机构的罢工，就被认为是扰乱社会秩序的行为。对于公务员参与罢工，军人表示可以有条件让其回到政府工作，但一经查处责令开除。对于学校的罢工，当局在 4 月底制订了 5 月和 6 月开学的方案，责令罢工教职人员必须限期返岗。对于一些停工的公立医院和诊所，考虑到疫情问题，政府一方面强烈谴责医生和护士的非暴力反抗行为，警告将吊销医疗许可，另一方面则表示将拨出 3000 亿缅元用以购买医疗用品，软硬兼施。由于公共服务机构大部分资源取之于政府，在军人干预下大部分恢复了正常，非暴力反抗大多转为个人行为。

2. 武装抗议：政治动员与走向"内战"边缘

在对峙形势的不断加剧下，社会抗争多次出现失控，主题从"言

---

① 《今日，全缅各地再现"空城"》，[缅甸]《金凤凰》中文报，2021 年 12 月 10 日，https://mp.weixin.qq.com/s/qOOBaZB0RJf0zldZJoRwCA/。

行反对"向"暴力反抗"转变。3月14日，缅甸仰光大量工厂遭纵火打砸，仰光莱达雅镇死亡50多人，工厂打砸抢烧事件的原因不明，但军警和反抗者互指对方为凶手，最终双方开始互指对方为"恐怖主义者"。[①] 在反抗者4月16日宣布组建"民族团结政府"并组建军事机构后，军方开始不惜使用暴力。敏昂莱接受俄罗斯国际新闻通讯社采访时表示，这些"普遍的反抗"构成了恐怖活动，因此缅军的反应才"很暴力"。[②] 据总部在泰国的缅甸政治犯援助协会（AAPP）称，缅军的暴力镇压截至5月底导致至少700人死亡（这个数字到年底已经超过1400人）。[③] 随着民地武的加入，反抗开始从街头暴力向局部冲突转化。自3月中旬开始，就出现了克钦独立军（KIA）在帕敢袭击警察局的消息，袭击得到部分"当选议会代表委员会"成员的支持。[④] 5月，"民族团结政府"正式宣布与民地武建立了武装合作关系，民地武提供藏匿的场所和武装培训，反抗者则利用其国际动员寻求武器援助。在敏昂莱8月宣布成立看守政府后，利用"反恐"清缴人民防卫军成为基本政策，"民族团结政府"也宣布"全

① Sebastian Strangio, "Myanmar Junta Labels Shadow Government 'Terrorists'," *The Diplomat*, May 10, 2021, https://thediplomat.com/2021/05/myanmar-junta-labels-shadow-government-terrorists/.

②《缅甸之光》编辑部:《敏昂莱接受俄罗斯国际新闻通讯社采访》, [缅]《缅甸之光》2021年7月1日。

③ Assistance Association for Political Prisoners-Burma, "Daily Briefing in Relation to the Military Coup," Updated 6 January 2022, Assistance Association for Political Prisoners-Burma, https://aappb.org/?lang=en/.

④ "KIA Attacks Police Battalions in Hpakant," Myanmar Now, March 19, 2021, https://www.myanmar-now.org/en/news/kia-attacks-police-battalions-in-hpakant/.

国进入紧急状态"，动员对军政府发动"人民防御战"（PDW），甚至不惜表态承认罗兴亚人的族裔身份，以寻求西方支持。抗争政治武装化使得缅甸局势趋紧，联合国人权事务高级专员米歇尔·巴切莱特（Michele Bachelet）在 4 月警告称，缅甸有可能面临叙利亚似的"血腥内战"。[1] 7月，巴切莱特在第47届人权理事会会议上再度发言，认为缅甸政治危机已经演变为"多层面的人权灾难"。[2] 不过，就年底形势看，缅甸并未像联合国官员所担心的那样"无可避免地滑向内战"。

（三）族际关系：民族和解洗牌与若开问题边缘化

2021 年，缅甸政治主线主要由缅族精英掌控，民族和解基本停滞。一方面，在"民族团结政府"和人民防卫军成立并发出"全国作战动员"后，民地武出现不同站队，原民族和解格局"大洗牌"；另一方面，由于国际社会转移了对缅甸政治的关注重心，罗兴亚人问题热度大减，这也使得若开问题在缅甸政治与族际关系问题中的重要性下降。

1. 民族和解格局大洗牌

2021 年缅军执政后，不再延续民盟搭建的、围绕着国家级对话

---

① Lisa Schlein, "UN Rights Chief Warns Myanmar Heading Toward Syria-like Civil War," VoA, April 13, 2021, https://www.voanews.com/a/east-asia-pacific_un-rights-chief-warns-myanmar-heading-toward-syria-civil-war/6204532.html/.

② Unsplash and Zinko Hein, "Myanmar: From Political Crisis, to 'Multi-dimensional Human Rights Catastrophe' - Bachelet," HR, July 6, 2021, https://news.un.org/en/story/2021/07/1095392/.

协调组织——民族和平与和解中心（NRPC）而来的对话机制。军人在执政后第一时间成立了民族团结与实现和平中央委员会、工作委员会和协商委员会三个民族和解机制，这与退役军人时期三个委员会的分工类似。同时，军人重点打击与民盟相关的民地武组织，这又与新军人执政初期的情况相似，而军人在克钦邦、钦邦、克伦邦等边境地区坚定清剿的态度，又让人联想到奈温时期的"切断政策"。因此，执政后军人所采用的民族和解政策是混杂化的，谈不上对某个特定时期民族和解政策的延续。不过总体而言，民族和解格局出现了较大的洗牌。

首先，军人对民地武的区分标准不再是接受/不接受"全国停火协议"（NCA）。民盟时期实际继承了吴登盛政府时期的集体和解策略，动员所有民地武都加入全国停火协议以取得政治谈判的机会，并借由政治谈判来签署"联邦协议"，达到理想中的族群"文统"而非"武统"，但显然各方采取不妥协的态度，谈判进度缓慢。军人习惯"边打边谈，打拉结合，各个击破"的传统套路，并在2011—2016年争取到10支民地武签署全国停火协议。民盟时期虽然继续推进全国停火协议扩大签署范围，但由于若开军（AA）与缅军战事扩大，民族和解早在2019年就开始处于停滞状态。军人执政后，不再单纯界定参与或者不参与全国停火协议的组织，而是将和解重新定格在2015年10月15日首次签署全国停火协议的格局，[①] 既抹除了民盟五年执政的民族和解政绩，又维护了吴登盛退役军人政府时期

---

① [缅] 缅甸宣传部宣传团队：《对已签署 NCA 协议的民族武装团体的通知》，缅甸宣传部网站，2021 年 12 月 30 日，https://www.moi.gov.mm/news/20515。

路径的正当性。

其次，军人打拉民地武的标准是参与 / 不参与反抗武装组织的人民防卫军。与 2011 年以来的民族和解格局不同，军人不再根据民地武对和谈的态度及其武装割据的影响力来决定打拉策略，而是贯彻 "反民盟为主" "敌人的敌人就是朋友" 的原则。敏昂莱不惜采用武力镇压参与人民防卫军的民地武组织，其官方说明是这些组织 "专门利己，毫不利人，无视法律，恐怖主义"。[1] 军人坚定的态度导致克伦邦、克耶邦和钦邦等边境地区出现激烈的战斗。例如，12 月底在克耶邦发生的战火导致 35 名平民死亡，被国际人道组织称为 "圣诞节之殇" 甚至 "圣诞节屠杀"。[2] 同样，在克钦帕敢、钦邦敏那等地，均有战火、伤亡和流离失所者，已有部分民地武敦促国际社会施压安理会召开紧急会议来确定 "禁飞区"。[3] 总而言之，缅甸民族和解 2011—2021 年转型 10 年建立的 "集体谈判" 格局已经摇摇欲坠，其中主要的阵营关系和敌我区分已经出现了较大的洗牌。至少在 2023 年交权前，缅军会更多地清算与反抗者有关联的民地武，而向其他民地武则释放更多的善意。在缅族较为强势的民族谈判格局中，缅军的善意可能是 "双刃剑"，一方面有助于缅族和少数民族更

---

① [缅] 缅甸宣传部宣传团队：《强烈谴责 CRPH、NUG 和 PDF 恐怖活动》，缅甸宣传部网站，2021 年 12 月 12 日，https://www.moi.gov.mm/news/19932/。

②《美国敦促对缅甸军队实施武器禁运》，美国之音缅文网，2021 年 12 月 29 日，https://burmese.voanews.com/a/us-presses-for-myanmar-arms-embargo-after-massacre/6373289.html/。

③ "Myanmar Rebel Group Calls for No-fly Zone to Protect Civilians," Reuters, December 22, 2021, https://www.reuters.com/world/asia-pacific/myanmar-rebel-group-calls-no-fly-zone-protect-civilians-2021-12-22/.

多地磨合和妥协，另一方面则有可能让民地武卷入缅甸军政纷争的困局，使得缅族内部矛盾更加复杂。加上缅军将实施比较复杂的比例代表制（Proportional Representation），最可能的结果之一是少数民族政党的边缘化，这也会削弱民地武通过政治谈判让渡武装权力以换取参政资格的意愿。不过，纵使民族和解格局发生天翻地覆的变化，也难以彻底改变"大缅族—少数民族"的不平衡局面，而这恰恰是造成族际不信任、导致双方难以妥协更深层次的要素所在。虽然"一个巴掌拍不响"，双方各有责任，但长期以镇压、剿灭为方式对待少数民族武装却又无法取得成效，手握空军和重武器的缅军显然更容易被追责。

2. 若开问题边缘化

曾在前政府备受瞩目的若开问题，在军人执政后略显边缘化。联合国人权机构大部分时间都在关注"缅军政变"，以至于联合国大会主席在2021年5月下旬出访孟加拉国边境难民营时要格外强调"世界没有忘记罗兴亚人"。① "罗兴亚人难题"的"解决之道"不再提上国际议事日程，而其背后的行为意图、责任溯源却常被用作政治博弈的工具。

首先，罗兴亚人问题不再是吸引缅国内政治力量"一致对外"的黏合剂，而成为内部斗争彼此消耗的工具之一。罗兴亚人问题在民盟时期经历了数轮道德、法治的考问，一度成为缅甸外交最大的难题之一，同时也刺激了军人和文官政府在该议题上的内部团结和

---

① "UN General Assembly President: World Has 'Not Forgotten Rohingya'," RFA, May 26, 2021, https://www.rfa.org/english/news/myanmar/world-05262021174433.html/.

一致对外。军人执政后，军、文两派缅族精英反目成仇，国际社会施压的重点改变，罗兴亚人反而成为两派相互指责的工具。例如，当敏昂莱将"民族团结政府"等定义为"恐怖组织"时，后者有代表数落军人在前政府时期"对罗兴亚人犯下的罪行"，以论证军人才在释放"更多的恐怖"。[1] 相对地，敏昂莱在讲话中批评了反对派为了政治目的不惜放弃政治底线的行为，由此来佐证"反抗者才是真正的恐怖主义"。而军方为了争取若开族的支持，延续了在罗兴亚人问题上的强硬立场，取得了若开民族党（ANP）等若开政党的支持。[2]

其次，罗兴亚人问题不再正向引导缅甸政局走向，而是反向成为缅国内反抗者争取国际支持的政治动员工具。军人执政前，罗兴亚人问题曾因"冈比亚诉缅甸种族灭绝案"而举世瞩目，2021 年初，缅方还致力提交"反对 2019 年 11 月冈比亚诉讼"给国际法院，拟开启辩护进程。[3] 军人执政后，敏昂莱在 2021 年的数次公开讲话中很少提及若开联合遣返和应对诉讼的方案，仅提到在若开境内解决流离失所者和排雷的问题。国际法院等机构无法界定"谁才是参与国际诉讼的合法缅甸政府代理"，因此若开问题在 2021 年既未出现恶化，亦未有任何实质推进。同时，"民族团结政府"在 6 月初发布

① "Asean Envoy Must Recognise Us over Junta, Myanmar's Parallel Civilian Government Says," AsiaOne, April 23, 2021, https://www.asiaone.com/asia/asean-envoy-must-recognise-us-over-junta-myanmars-parallel-civilian-government-says/.

② "After Working with Myanmar's Regime, Rakhine's Major Party Remains Divided," The Irrawaddy, May 7, 2021.

③ Kang Wan Chern, "Myanmar Raises Objections to Gambia's Eligibility to File ICJ Case," Myanmar Times, February 5, 2021, https://www.mmtimes.com/news/myanmar-raises-objections-gambias-eligibility-file-icj-case.html/.

声明称"罗兴亚人有权通过符合基本人权规范和民主联邦原则的法律获得公民身份"引发了国际关注。[①] 不过,"民族团结政府"自身在多大程度上真正愿意接受罗兴亚人,其观点是语焉不详的。很大程度上,"民族团结政府"的初衷是获取国际观众尤其是西方观众的关注和同情,因为罗兴亚人并没有统一的国际代言,其背后是炒作罗兴亚人问题的西方势力。"民族团结政府"试图传达:如果国际社会真的想解决罗兴亚人问题,那么就应当支持"民族团结政府"颠覆军人政府,以此作为前提,"民族团结政府"才可能废除1982年《公民法》,而该法被视为界定罗兴亚人"无国籍身份"的主要法律依据之一。截至年末来看,"民族团结政府"利用罗兴亚人问题作为政治动员的效果不彰,西方国家不可能为了一个被炒作的议题真正诉诸军事手段介入缅甸内政。

最后,罗兴亚人问题滋生大量不实消息,其背后往往夹带了境外势力的政治意图。民盟执政时期,伴随着2016年和2017年两次边境袭击事件的发生和数十万民众避难,如何确保他们得到合理遣返成为国际社会敦促缅孟双方做好应对的一大议题。2021年缅军执政后,敏昂莱在接受采访时强调,"从来没有罗兴亚这个词","世界上没有哪个国家会超越自己国家的移民法去接受别人",[②] 表明了对协同国际社会解决该问题的冷淡态度。与此同时,国际社会也没有

① "NUG Releases Statement Recognising Rohingyas' Right to Citizenship," Myanmar Now, June 4, 2021, https://www.myanmar-now.org/en/news/nug-releases-statement-recognising-rohingyas-right-to-citizenship.
② 《凤凰独家 | 敏昂莱回应若开邦难民问题:缅甸从来没有罗兴亚人》,凤凰网,2021年5月24日,https://i.ifeng.com/c/86VRvUxgyqx/。

派出特使与缅军政府寻求对话解决罗兴亚人问题，因为很多人权组织拒绝接受军政府的合法地位。

在实体机构"群体不作为"的同时，在国际社交媒体如脸书（Facebook）等平台上，舆论战甚嚣尘上，极端宗教分子和支持罗兴亚人并反对军政府的声音开启"云互骂"模式，并夹带了诸多关于罗兴亚人的不实消息。对此，数十名罗兴亚人在美国加利福尼亚州诉脸书放任仇恨言论传播，导致"专制政府和政客获利""数千罗兴亚人丧生"，还要求后者赔偿1500亿美元。[①] 虽然国际社会仍在通过孟加拉国难民营救济罗兴亚人，联合国大会主席也强调"联合国大会决心确保罗兴亚人有一个更好的未来"，[②] 但真正愿意介入斡旋缅孟当事方来解决该问题的国际行为体长期缺席，罗兴亚人只能通过诉诸脸书这样的"大动作"来唤起国际社会的关注。

二、2021 年的缅甸经济形势

在疫情与政局动荡的双重风险下，缅甸军政府采取财政、货币等政策积极止损，但表现整体欠佳，经济增长减速，物价不稳，贸易和投资下降，民生受冲击。

---

① [缅]缅甸民主之声：《罗兴亚人难民起诉 Facebook》，2021 年 12 月 7 日，http://burmese. dvb.no/archives/504690/。

② "UN General Assembly President: World Has 'Not Forgotten Rohingya'," RFA, May 26, 2021, https://www.rfa.org/english/news/myanmar/world-05262021174433.html/。

（一）经济政策：避免失控，强调反腐

政府"国家管理委员会"组建后，开展了各方面的举措，防止政局波动给经济带来的影响，同时立足新冠肺炎疫情疫后复苏，倡导对前政府开展反腐调查。

首先，财政和货币方面，采取稳健化措施。针对经济下行的问题，"国家管理委员会"将"促进生产改善经济"作为其执政"未来五大方案"之一，并在2021年3月就重新明确了"以农为本"的方针，强调通过乡村振兴和基础设施建设来稳住"执政之基"。[1]针对粮食减产的问题，敏昂莱在数次谈话中均强调粮食安全，并积极向泰国大批量购买粮食以缓解可能出现的"粮荒"。[2]在通货膨胀不断恶化的周期内，军方并没有采用激进手段，对印钞采取较为谨慎的态度，更是坚决否定了"废钞"的传言。[3]与此同时，看守政府采取了一系列新经济政策，如制定外币基准汇率中间价，并在调控有效后适时取消；修改《外汇管理法》部分关于免检货币兑换管理的条款，加强外汇市场监管；允许使用人民币和缅元边境直接结算，为跨境支付和清算账户提供便利；等等。至2021年末，看守政府宣布疫情扩

① "State Administration Council Chairman Senior General Min Aung Hlaing delivers address at Council meeting," *The Global New Light of Myanmar*, March 2, 2021.

② "KNU Blocks Food Deliveries to Myanmar Military Regime Soldiers in Karen State," *The Irrawaddy*, Mach 23, 2021.

③ "Central Bank of Myanmar Denies the Rumours of Abolishing Bank Notes and the Closure of Banks," *The Star*, August 14, 2021, https://www.thestar.com.my/aseanplus/aseanplus-news/2021/08/14/central-bank-of-myanmar-denies-the-rumours-of-abolishing-bank-notes-and-the-closure-of-banks/.

散与通货膨胀得到"双管控",其中缅元兑换美元控制在 1800 ： 1 以内。[①] 在出售了将近 3 亿美元"救市"后,随着缅元汇率、黄金和燃油价格的逐步稳定,生产成本压力的控制和制造业采购经纪人指数的回升,缅甸经济得以"悬崖勒马",但仍不容乐观。

其次,结合新冠肺炎疫情的应对,解决当地企业和社会经济遇到的难题。计划与财政部门宣布延长受疫情影响企业发放"新冠肺炎疫情贷款"的偿还日期,以鼓励当地企业复产,同时将出口所得税的 2% 税前豁免进行延期。农业部门采取措施在边境地区建立鱼类加工经济区,以动员疫情期间扩大出口增值品的生产,增加就业机会。针对在 3 月中旬受到打砸抢烧影响的企业,对在社会保障部门投保的工人依据《社会保障法》为其发放 40% 的工资。[②] 军人执政后为表示对民族团结的重视,采取各类措施促进少数民族地区的社会经济发展,例如动员克钦族企业家协会共同举办民族文化界线上仪式,发掘各族传统艺术,促进少数民族地区旅游业发展。[③]

最后,反复强调前政府"失治"和"腐败"问题,为经济下行和军人执政找依据。敏昂莱在讲话中强调,民盟五年未履行其应承担的社会经济职责,对人们的批评置若罔闻,只顾着印刷选票和作

① 《当局"组合拳"维稳初见效 汇率金价齐企稳》,《金凤凰报》2021 年 10 月 31 日,https://www.mmgpmedia.com/static/content/RD/2021-10-31/904399349822664704.html/。

② "Second-month Performance of the State Administration Council," *The Global New Light of Myanmar*, Apr.21-April 22, 2021.

③ "Message Sent by State Administration Council Chairman Prime Minister Senior General Min Aung Hlaing on Occasion of Opening Ceremony of 3rd Myanmar Ethnic Cultural Festival 2021 (11 December 2021)," *The Global New Light of Myanmar*, December 12, 2021.

弊，这是军人"依法执政"的主要原因之一。[①] 敏昂莱批量揭露前政府腐败案件，并追查包括昂山素季在内的前政府主要领导人、部级官员和省邦行政长官的罪证。[②] 截至年末，除了昂山素季等主要国家领导人，前政府的计划、财政与工业部，电力与能源部等前部级官员，均被根据《反腐败法》进行了调查和指控。

（二）经济表现

尽管采取了一定的经济政策，但缅甸国家经济发展仍然面临极大的下行风险，普通民众遭受疫情与贫困双重打击，外资撤离和国际制裁让经济下滑雪上加霜，经济衰弱成为"政乱"的首要效应。

1. 经济缩水，通胀严重

国家经济的衰退是缅军执政后面临的重要挑战之一。根据世界银行预测，缅甸自 2020 年 10 月至 2021 年 9 月全年经济缩水 18%，但仍在增长，增长率为 1%。而在此前，世界银行预测缅甸 2021 财年的增长是 6.4%。[③] 根据世界银行的观察，军人执政后的缅甸经济下行趋势明显，2022 年经济将继续衰退，并有可能因局势恶化而走到深渊的边缘，当然，缅甸宣传部反驳了这一观点，并认为复苏经

---

① "Efforts Are Being Made for the Development of Socio-economic Lives of Citizens: Senior General,"*The Global New Light of Myanmar*, March 29, 2021.

② "State Administration Council Chairman Senior General Min Aung Hlaing delivers address at Council meeting,"*The Global New Light of Myanmar*, March 2, 2021.

③ "Myanmar Economy Expected to Contract by 18 Percent in FY2021: Report," World Bank, July 26, 2021, https://www.worldbank.org/en/news/press-release/2021/07/23/myanmar-economy-expected-to-contract-by-18-percent-in-fy2021-report/.

济是看守政府的重中之重，所谓经济下行完全是疫情的过错。[1] 世界银行则提出，缅甸经济不仅是"疫灾"，更是军人执政带来的"人祸"，一些国际经济机构更是指出"政变"才是罪魁祸首。[2]

另一个观察指标是通货膨胀。缅元兑换美元汇率在 2021 年 9 月 28 日前后曾跌至 3000 : 1，而这一数据在 2021 年 2 月初仅为 1300 : 1 左右。[3] 由于央行管控僵化，加之非法贸易横行，黑市美元汇率还曾飙至 3200 : 1 以上。[4] 为了稳定汇率，缅央行一方面不得不多次投放美元，自 2021 年 2 月至 12 月，共出售 3.26 亿美元，最高一次投出 1.1 亿美元，而截至 11 月中旬央行干涉市场就达到 36 次；[5] 另一方面则采取强制措施关闭货币兑换业务，或者收紧对自动提款机的数额限制。实际上，在军人执政后的六个月内，没有结付薪酬或无法打款的企业比比皆是，还有很多债款没办法清算，这与

① "Priority Must Be Given to Creating Chances for Every Citizen to Learn the Education and Enhance the Education Qualification: Senior General," *The Global New Light of Myanmar*, May 11, 2021.

② "Myanmar Coup Forced Sharp Downturn in Business: Report," *The Diplomat*, May 7, 2021, https://thediplomat.com/2021/05/myanmar-coup-forced-sharp-downturn-in-business-report/.

③ "Local Currency Revaluates These Days, While Gold Price Drops," *The Global New Light of Myanmar*, October 7, 2021.

④ "Myanmar Faces Falling Currency, Dollar Crunch as Economy Worsens," Aljazeera, October 12, 2021, https://www.aljazeera.com/economy/2021/10/12/myanmar-faces-falling-currency-dollar-crunch-as-economy-worsens/.

⑤ "On December 9, the Central Bank of Myanmar Sold $ 13 Million in a Foreign Exchange Auction, up from $ 28 Million in Two So Far in December," Min Myanmar Research Serices, December 10, 2021; "Myanmar Political Standoff Leaves Economy in Tatters," *The Diplomat*, November 15, 2021. https://thediplomat.com/2021/11/myanmar-political-standoff-leaves-economy-in-tatters/.

当局为了社会管控而数次关闭互联网，导致网络转账停滞也有关系。为了能迅速转移资产或解决债务问题，一些掮客提供付费转账服务，资费通过现金支付，收费高达 15%，这更助长了汇率的失控性波动，乃至出现"现金荒"。[①] 有关缅甸 2012—2021 年实际 GDP 增长与通胀率，参见图 1。

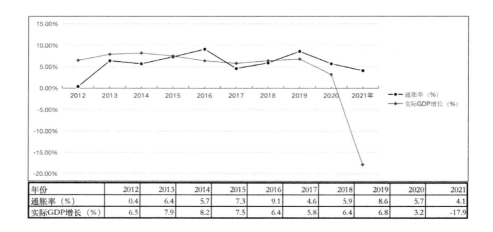

年份	2012	2013	2014	2015	2016	2017	2018	2019	2020	2021
通胀率（%）	0.4	6.4	5.7	7.3	9.1	4.6	5.9	8.6	5.7	4.1
实际GDP增长（%）	6.5	7.9	8.2	7.5	6.4	5.8	6.4	6.8	3.2	-17.9

图 1 缅甸 2012—2021 年实际 GDP 增长与通胀率（单位 %）

资料来源：参见世界银行数据库，https://data.worldbank.org/country/myanmar。

图 1 展示了世界银行对缅甸近 10 年来实际 GDP 增长和通胀率的统计数据，总体而言，通胀率在 2021 年有所下降，并非 10 年来最高的水平，但 GDP 增长确实创下了历史新低。

---

① "They Wait Hours to Withdraw Cash, but Most A.T.M.s Are Empty," *The New York Times*, August 9, 2021, https://www.nytimes.com/2021/08/07/world/asia/myanmar-cash-coup.html/.

2. 失业与贫困问题加剧

疫情对缅甸社会经济政局的冲击更大，与第三波疫情叠加，"德尔塔"和"奥密克戎"病毒相继侵入，使缅甸本就堪忧的社会生态更加严峻。联合国开发计划署（UNDP）在2021年4月预测，缅甸将有1200万的人口陷入贫困，而这一数字到年底达到2500多万，这个数字接近缅甸50%的人口。据联合国开发计划署确认的贫困线而言，目前贫困率从2017年的24.8%增加至46.3%，即便2022年会有所改善，也只能降低至37.2%。[①]

由于近年来缅甸经济的增长大量依靠劳动力密集型产业的兴起，尤其是来料加工带动的切工—制作—包装（CMP）产业的发展，因此造成贫困人口增多的一大原因是大规模工厂停业和裁员。工厂停业问题在民盟执政后期就存在，但造成停业的部分原因是受疫情影响，而由于企业社会责任机制和失业救济的存在，并未引发大规模裁员和民生压力。自2021年2月以来，制衣厂面临严峻的生存危机。一方面，受政治管制和街头运动影响，制衣厂不敢复工。尤其是3月中旬打砸抢事件造成数十人伤亡，而军方与反对派互指对方有罪，不仅真凶逍遥法外，因打砸抢造成的损失也很难偿还，在局势明朗之前，制衣厂复工成本高，不仅有人员伤亡危险，还有可能面临破产。另一方面，西方认定"军人政变有罪"，而众多成衣加工厂的市场在欧美，欧洲议会一度讨论取消曾在缅甸转型后给予的贸

---

① "Half of Myanmar Will Live on Less than a Dollar a Day, Says UNDP," *Nikkei Asia*, December 1, 2021. https://asia.nikkei.com/Spotlight/Myanmar-Crisis/Half-of-Myanmar-will-live-on-less-than-a-dollar-a-day-says-UNDP/.

易普惠待遇，[1] 很多企业担心受西方制裁的波及而宁愿选择停工。据悉，至 2021 年末，缅甸有数百万人失业，其中仅成衣制造业就出现了高达 25 万人的裁员潮。[2]

除了失业问题，伴随而来的还有食品短缺，这让本不富裕的缅甸民众的生活雪上加霜。首先是受疫情等因素的影响，粮食减产了 30%，2020 年平均亩产 70 筐稻谷的地块，到 2021 年减少到 50 筐左右。相对地，农药化肥受市场波动和通货膨胀的影响涨价严重，比如，2020 年一袋化肥约 2 万缅元，但 2021 年涨到了 5 万缅元。此外，疫情影响到大米出口，缅甸 2018—2020 年出口稻米为 200 万—400 万吨，到了 2021 年只有 170 万吨。[3] 世界粮食计划署（WFP）正携手公益组织、红十字会，为仰光境内的 80 万名基础民众提供食品援助。[4] 虽然国际社会愿意给缅甸民众更多的援助，但由于西方国家对军人政府的反对态度，许多官方援助、私人捐款和海外汇款都大打折扣。

3. 外资撤离与国际制裁

外资撤离是缅甸军人执政后对外经济面临的首要考验。据统计，

---

[1] "Motion for a Resolution, Procedure: 2021/2905(RSP)," European Parliament, October 5, 2021, https://www.europarl.europa.eu/doceo/document/B-9-2021-0502_EN.html/.

[2] "As Myanmar Unions Demand Sanctions, Garment Workers Fear for Their Jobs," December 13, 2021, https://www.reuters.com/article/us-myanmar-crisis-workers-idUSKBN2IS012/.

[3] "The Bleak Outlook for Myanmar's Farmers," October 1, 2021, https://www.frontiermyanmar.net/en/the-bleak-outlook-for-myanmars-farmers/.

[4] 《缅甸经济持续恶化 中层阶级将消失 联合国称糟糕情况将持续》，缅甸《金凤凰》公众号，2021 年 12 月 18 日，https://mp.weixin.qq.com/s/F5pk-ffp02jTdot_fEg0ow/。

2021 年 2 月 1 日至年末，共有 20 家外资公司涉及撤资缅甸，其中直接关闭或停止投资的有 11 家，其他的是项目停业、出售业务或与军企停止合作。① 表面上，西方国家口径一致地提出，撤资是"对军人政变的回击行为"，"暂停与军企的商业联系将鼓励缅甸的人权民主"，但市场行为体的出发点绝不会只盲从于政治行为体，撤资不仅是风险评估的结果，还涉及复杂的"成本—收益"切割和法律问题，其背后是缅甸投资环境的急剧恶化及市场经济的萎缩，可以从三个不同的案例中管窥一二。

　　一是日本麒麟公司的"谈判困局"。日本麒麟公司与缅甸经济控股公司（MEHL，军企）合作销售的"缅甸啤酒"小有名气，但缅甸军人执政后，日本麒麟公司第一时间提出停止与缅甸经济控股公司合作，外媒认为其"无意资助违背人权原则的缅军"。实际上，日本麒麟公司根本无意退出缅甸市场，提出终止合作初衷是"去除不良资产"，但随后与缅甸经济控股公司数轮谈判破裂，后者提交法院清算裁决，日本麒麟公司则求助新加坡国际仲裁中心。目前，日本麒麟公司在缅亏损严重，"缅甸啤酒"从"民族品牌"一度沦为部分民众反对军人的工具，日本麒麟公司作为外企进退维谷。据消息称，2021 年，缅甸市场的啤酒销量下降了 20%，其中"缅甸啤酒"销量下降了 30%。②

---

① 《ISP Myanmar 最新报告出炉 20 家公司已停资撤缅》，缅甸《金凤凰》公众号，2021 年 12 月 28 日，https://mp.weixin.qq.com/s/hCVcDBf4hPy7mXNRu_Rp6Q/。

② 《Myanmar Brewery 不清盘了？日本"麒麟"要抛开缅甸军方独立经营管理？》，缅甸《金凤凰》公众号，2021 年 12 月 16 日，https://mp.weixin.qq.com/s/YSQYvPrHzMx80NeECJufnw/。

二是挪威电信公司（Telenor）的"转售困境"。挪威电信公司宣称，"因为军方接管政权，在缅甸开展业务变得越来越困难"，并宣布将缅甸业务出售给黎巴嫩的 M1 集团（M1 Group），但转售业务受不同政治力量的掣肘。比如，挪威电信公司担心转售给黎巴嫩会被反穆斯林团体谴责，后者认为"敏感领域不该交给伊斯兰国家的公司"；[1] 同时若转售给军企，又担心会被西方追责，如泰国阿玛塔（Amata）公司撤资的借口就是担心西方追责。整个转售过程也是一波三折，一方面，挪威电信公司同 M1 集团的谈判并不顺利；另一方面，军方也试图施压挪威电信公司出售给一家军企，军方还涉嫌胁迫该公司"在厘清用户数据等问题前，公司高管禁止离开缅甸"。[2]

三是法国道达尔公司（Total）和美国雪佛龙公司（Chevron）的"延期困局"。两家公司合伙经营缅甸耶德纳（Yadana）气田项目和莫塔玛天然气运输有限公司（MGTC）。军人执政后，两家公司受政治压力影响迅速"谴责政变"，还暂停了近海 A-6 项目的开发，但仍经营已有项目，并通过公开声明意图延期止损。缅甸四大海上油气田是缅甸政府最大的外汇来源之一，原本计划在若开海岸和仰光南部开采近海天然气，缅甸政治危机迫使美国雪佛龙公司、法国道达尔公司、泰国国家石油管理局勘探生产公司（PTTEP）和韩国浦项制铁公司（POSCO）等几家最大的公司做出所谓"退出缅甸市场以

① "Telenor's Myanmar Sell-off Mired in Uncertainty,"*Nikkei Asia*, September 7, 2021, https://asia.nikkei.com/Spotlight/Myanmar-Crisis/Telenor-s-Myanmar-sell-off-mired-in-uncertainty/.

② "Junta Cronies Eye Telenor's Myanmar Business," *The Irrawaddy*, November 11, 2021.

支持缅甸人民"的选择，[1] 来自美国雪佛龙和法国道达尔两家公司承受的压力更大。随着各方压力增大，被指责为"军方走狗"等的两家公司不得不宣布将"有序撤出在缅项目"，成为缅甸局势和政治挤兑的受害者之一。

除此之外，来自美西方的制裁对缅甸经济也有影响，但影响相对有限。2021 年 6 月 1 日起，美国财政部外国资产管制处公布了新的《缅甸制裁条例》，执行总统拜登 2021 年 2 月 10 日的第 14014 号行政命令（E.O. 14014），授权对缅甸军人政府、军人领袖及其家属等实施经济制裁，封锁相关人员在美资产，管制对缅货物和服务的出口等。外国资产管制处还声称对包括总司令敏昂莱在内的主要军官进行制裁。[2] 与此同时，"五眼联盟"和其他西方国家也纷纷公布了对缅制裁。不过，因为资本流动的限制并没有阻滞商品流动的需求，对外贸易尤其是边境贸易逐步恢复，加上外资撤离的不利局面和美西方制裁本身的限制，所以相关领域对缅甸经济的打击有限。此外，由于缅甸军方内部封闭、自给自足，美西方制裁很难对缅甸军方取得针对性的效果，西方的经济制裁很大程度上对缅甸社会影响更大，这对缅甸民众并不公平，也引来西方舆论内部争议。非营

---

① "Report Highlights Expansion of Foreign Oil and Gas Investments Despite Myanmar's Military Coup," Mizzima, November 19, 2021. https://www.mizzima.com/article/report-highlights-expansion-foreign-oil-and-gas-investments-despite-myanmars-military-coup/.

② "U.S. Reimposes Economic Sanctions on Military Regime in Burma," JD SUPRA, June 7, 2021, https://www.jdsupra.com/legalnews/u-s-reimposes-economic-sanctions-on-7618718/.

利组织缅工人团结联盟（WSLB）对 400 名劳工的调查显示，97%
的受访者不支持工会呼吁加大制裁。[①]

三、2021 年的缅甸外交形势

军人执政后，缅对外关系一度出现了重新洗牌的乱象。这种乱
象主要来源于部分国内外政治力量对民盟政府被推翻的不甘心、不
认可，以及由此带来的内外政治博弈与纠缠。下文将从外交格局、
大国外交和区域外交来梳理 2021 年缅甸外交形势的主要特征。

（一）外交政策与格局：军人与反对派对峙

民盟政府时期曾出现"双头政治"格局，这种格局蕴含了两股
缅族精英势力对政治权力的分而治之，外交方面也有"各行其是"
的成分但并不显著。[②] 军人执政使"双头政治"格局自然消亡，但由
于两股缅族精英势力继续对峙，出现流亡政府冲击军人看守政府合
法性的状况，特征是军人与反对派对峙。

军人的外交政策受反对派国际动员的影响，无法正常地与包括
联合国在内的国际组织及其他国家行为体打交道，甚至面临着在国
际承认问题上受威胁的情境。其一，军方执政后，借外交新闻发布、
双边或多边外交的机会宣介军人"有纪律的繁荣民主"的正统性及

---

① 《缅甸经济持续恶化 中层阶级将消失 联合国称糟糕情况将持续》，缅甸《金凤凰》公众号，
2021 年 12 月 18 日，https://mp.weixin.qq.com/s/F5pk-ffp02jTdot_fEg0ow/。
② 张添：《后军人时代缅甸的"双头政治"及其外交影响》，《东南亚研究》2020 年第 1 期，第
45—47 页。

其对缅甸民众的好处，以说明执政的必要性。[①] 其二，通过外交渠道来缔造自身合法性，反驳包括联合国及美欧在内的谴责，认定一些外国使领馆"公然干涉缅甸内政"，这违反了1961年《维也纳外交关系公约》第41条。[②] 其三，与以"民族团结政府"为首的反对派对峙，强调后者的非法性。例如针对联合国人权理事会第48届常会中缅甸独立调查机制（IIMM）提交的报告表示抗议，并认为该报告美化了"民族团结政府"的"恐怖行为"。[③] 反对派则由"民族团结政府"副主席都瓦拉希拉、总理曼温凯丹携国际合作部部长萨萨组织，主要工作也有三项：一是论证军人是"非法政变"和"恐怖政府"，指责军方"暴力杀害参与公民抗命运动的公务员，每天都在进行强行破坏和犯罪，破坏人民固有的人权，例如生命权、人身自由权、安全权"；[④] 二是通过外交动员来博取国际同情和援助，发布数字货币和虚拟债券，并动员海外缅甸人购买，其中发布的泰达币（Tether）实际上和美元挂钩；三是与军人政府对峙并争取国际承认，争取在各国建立办事处，例如法国、捷克、韩国、澳大利亚等，法国议会和欧盟议会还通过了支持"民族团结政府"的声明。

"内外共振"指缅甸外交格局受内部政治格局的动荡和外界颇

---

① "Press Statement of MOFA," *The Global New Light of Myanmar*, February 21, 2021.

② "Press Statement of MOFA," *The Global New Light of Myanmar*, February 21, 2021.《联合国工作人员必须确保以尊严和尊重的方式对待公共信息 外交部呼吁独立和公正》，[缅]《十一新闻》，2021年9月6日，https://news-eleven.com/article/215232/。

③ "Myanmar Rejects Politically Motivated Human Rights Mechanisms and Their Unprofessional Conclusions," *The Global New Light of Myanmar*, September 25, 2021.

④《在发生暴力事件时，他们有权依法进行自卫》，[缅]CRPH网站，2021年3月14日，https://crphmyanmar.org/1175-2/。

具主观性的应激反应共同影响，外部因素不容小觑。其主要影响包括以下三个方面。其一，军人和反对派都意图争夺缅甸转型的主导权。军人强调只有军方才能带来"真正的、纪律严明的、符合当前国情的多党民主"，而反对派反驳军人是"独裁者""法西斯"，双方争执不下。然而，某些西方国家直接利用"民主"与"专制"的二分法界定了军人的"非法性"。[1] 其二，两派都试图利用大国博弈来为己服务，但实际上助长了大国博弈对缅甸政治的压迫。军人抓紧与俄罗斯的政治、经济联系，巧妙利用了美俄在乌克兰问题的矛盾，这给阴谋论者造势所谓"新冷战"在缅甸再现提供了条件，尤其是缅甸在大国博弈加剧的环境下具有越来越被人关注的"地缘战略区位"。[2] 其三，两派都尝试取得联合国的承认，但这反而促使后者越来越审慎，难以有力推进缅甸危机的解决。2021 年 10 月 25 日，联合国任命新的缅甸问题特使诺琳·海泽（Noeleen Heyzer），呼吁缅甸新年停火，敦促各方遵守国际人道主义法和人权法，维护民众的利益和安全，缅军需要接受国际社会提供的人道主义援助。[3] 联合国表态比较中立，但尚未提出有力的解决方案。

---

① "United Nations Wants to 'Make Sure' Myanmar Coup Fails, Says Secretary General," *South China Morning Post*, February 4, 2021, https://www.scmp.com/news/asia/southeast-asia/article/3120448/united-nations-wants-make-sure-myanmar-coup-fails-says/.

② "Myanmar Conflict Brings New Cold War to ASEAN's Door,"*Nikkei Asia*, May 3, 2021, https://asia.nikkei.com/Spotlight/Myanmar-Crisis/Myanmar-conflict-brings-new-Cold-War-to-ASEAN-s-door/.

③《联合国新任缅甸特使呼吁新年停火》，[缅]缅甸民主之声，2021 年 12 月 28 日，http://burmese.dvb.no/archives/508165/。

（二）缅甸的大国外交政策：亲疏有别，难以中立

军人执政后，敏昂莱在"外交政策委员会"重申缅甸"独立、积极、不结盟"的外交原则。[1] 不过，考虑到大国影响，缅甸政府常常还是会分出远近亲疏。本部分由近及远，回顾2021年内缅甸与俄、印、日、美的关系。[2]

1. 缅俄关系

俄罗斯是缅军执政后的首要依靠。俄国防部副部长亚历山大·福明在2021年3月27日出席了缅建军节，并在会见敏昂莱时表示，缅甸是俄罗斯在亚洲的可靠盟友和战略伙伴，此举被西方解读为支持缅甸"新军事统治者的最坚定信号"，甚至指责"俄罗斯是军方对人民实施恐怖活动的同谋"。[3] 2021年6月底敏昂莱赴俄参加国际安全会议，并称俄罗斯是"真正的朋友"，表示"多亏了俄罗斯，我们的军队才成为该地区最强大的军队之一"，批评"西方干涉缅甸内政"。[4] 本次访缅吸引媒体的内容还包括：俄罗斯联邦国防军事大学授予敏昂莱荣誉教授的证书，俄方表示接受更多缅甸军官到俄培训，敏昂莱参观俄国防军事展览及远在鞑靼斯坦的军工厂，在莫斯科缅

---

[1] "Myanmar Continues to Practise Independent, Active and Non-aligned Foreign Policy: Senior General," *The Global New Light of Myanmar*, February 19, 2021.

[2] 中缅关系将在后文单独介绍。——作者注

[3] "Russia Seeks Stronger Military Ties with Myanmar amid International Condemnation over Coup," *South China Morning Post*, March 26, 2021, https://www.scmp.com/news/asia/southeast-asia/article/3127206/russia-seeks-stronger-military-ties-myanmar-amid/.

[4] "Myanmar's Military Coup Redux – Analysis." EuraAsia, December 29, 2021, https://www.eurasiareview.com/29122021-myanmars-military-coup-redux-analysis/.

甸小乘佛教学院举行宗教典礼，等等。虽然普京作为国家领导人没有与敏昂莱公开会面，但普京在缅甸独立日正式致贺电给"缅甸联邦总理敏昂莱"，等于外交上公开承认了缅军政府的合法性。① 俄方还借多边场合邀请缅甸，使军政府更有外交参与感。12 月 1 日起，包括缅甸在内的部分东南亚国家海军和俄罗斯海军首次举行联合军演。② 12 月 21—22 日，缅官媒高调报道"缅甸和俄罗斯牵头"主办的第 12 届东盟反恐专家组线上会议，本次会议还有来自澳大利亚、日本、中国、美国、韩国、东盟代表参加。③

2. 缅印关系

印度是缅方不得不争取的重要邻居，缅军执政后不久敏昂莱便在外交政策发言中将印度作为两个最重要的邻国之一。④ 与此同时，敏昂莱在接受采访时也明确表示"印度是我们的亲密朋友，无论怎样，我们必须强调邻国关系。任何国家都不能否认这一点"，但又表示由于地缘政治的关系，需要谨慎地处理对"其他国家的政治关

---

① "Foreign Heads of State Send Felicitations to Chairman of the State Administration Council of the Republic of the Union of Myanmar Prime Minister Senior General Min Aung Hlaing."*The Global New Light of Myanmar*, January 4, 2022; "Ministers of Foreign Affairs Send Felicitations to the Union Minister of Ministry of Foreign Affairs," *The Global New Light of Myanmar*, January 4, 2022.

②《俄罗斯与东盟首次举行联合军演 缅甸参与》，缅甸《金凤凰》公众号，2021 年 12 月 3 日，https://mp.weixin.qq.com/s/FEq3tQimTDbPZ9ZDTQHgsg/。

③ "Myanmar, Russia Jointly Organize 12th ADMM-Plus Experts' Working Group on Counter-terrorism Meeting Online, "*The Global New Light of Myanmar*, December 24, 2021.

④ "Myanmar Continues to Practise Independent, Active and Non-aligned Foreign Policy: Senior General," *The Global New Light of Myanmar*, February 19, 2021.

切"。① 从印方来说，对缅甸政局采取的主要是"不干涉内政"原则，并强调严正关切缅甸形势尤其是边境安全。印度受自身"民主大国"标签的掣肘，在言语上紧跟西方施压缅方。印度积极参与美国总统拜登召集的所谓"民主峰会"，强调"捍卫世界，反对独裁主义，打击腐败，促进对人权的尊重"，不得不在外交场合对缅甸军人执政的行为表示"审慎"，强调"印度一贯坚定支持缅甸民主转型"，"法治和民主进程必须得到维护"。② 印度内心不愿与缅交恶，印军已经与敏昂莱有了包括军售、情报合作及共同维护边境稳定等合作，政府则以劝和促谈为契机，意图维护印在缅利益。

3. 缅日关系

缅军执政后，日方出于同美国的盟友关系，无法坚定履行西方的制裁意志，也遭到外界舆论的指责和质疑。在军人执政初期，日本当局谴责军方，要求结束暴力，释放包括昂山素季在内的民选政府官员，甚至叫停了对缅官方发展援助（ODA）项目。③ 日本政府发言人、内阁官房长官加藤胜信敦促"各方通过对话，按照民主进

---

① "Chairman of State Administration Council Commander-in-Chief of Defence Services Senior General Min Aung Hlaing Answers Questions Raised by Russia 24," *The Global New Light of Myanmar*, June 27, 2021.

② "India Terms Social Media Reports about Its Role in Deliberations on Myanmar Coup in UNSC as 'Mischievous'," FirstPost, March 10, 2021, https://www.firstpost.com/world/india-terms-social-media-reports-about-its-role-in-deliberations-on-myanmar-coup-in-unsc-as-mischievous-9401751.html/.

③ "Japan Mulls Suspending New Myanmar Development Assistance Spending," KyodoNews, February 25, 2021, https://english.kyodonews.net/news/2021/02/5b9c567b6812-urgent-japan-mulls-suspending-new-myanmar-development-assistance-spending.html/.

程和平解决局势"。① 此外，日本还成为旅外缅甸居民聚集反军人和寻求国际社会帮助的阵地，大小集会不断，位于日本大阪的合作社于 2021 年 12 月 4 日还向反对派"民族团结政府"捐赠了 600 万日元。② 同时，由于日本在缅没有太高的政治诉求，而有着千丝万缕的经济链条，因此在追随西方制裁方面心猿意马，甚至谋求迅速改善同缅军政府的关系。例如，2021 年 5 月，日本外务省承认了五名军政府任命的外交官，声称拒绝承认他们将使在缅甸的日本国民面临危险，与军政府的"实际联系"是必要的。6 月，日缅协会主席渡边秀央在一次协会会议上称，日本不应该盲目追随西方的脚步反对军方的行动，而应该成为军方领导人与西方之间的桥梁。③ 渡边秀央在军人执政后也两次会见敏昂莱，表示支持日本企业投资缅甸，特别是迪洛瓦经济特区。

4. 缅美关系

美国反对接受缅军再度上台执政，并暗中扶持"民族团结政府"，意图通过政治施压、经济制裁、法律约束等方式打压军政府。缅军执政后，白宫很快发表新闻稿称，将与盟友密切合作，"将国际

① "Japan Urges Myanmar to Uphold Democracy after Suu Kyi's Detention," Varrons, February 1, 2021, https://www.barrons.com/news/japan-urges-myanmar-military-to-free-suu-kyi-restore-democracy-01612167905?tesla=y/.

②《大阪合作社向 NUG 政府捐赠约 1，000 万缅元》，[缅] 缅甸民主之声，2021 年 12 月 7 日，http://burmese.dvb.no/archives/504589/。

③《日本政府对缅甸的争议立场》，[缅]RFA 缅文网，2021 年 12 月 20 日，https://www.rfa.org/burmese/program_2/japan-myanmar-coup-business-12202021175435.html/。

社会聚集在一起，解决缅甸的军事政变"。^① 6 月初，美国国务卿布林肯对反抗者"民族团结政府"提出支持，赞扬其"承诺解决针对少数民族罗兴亚穆斯林的歧视和侵犯人权行为"。^② 值得关注的是，美国总统拜登于 12 月 27 日正式批准《2022 年国防授权法案》，预算高达 7700 亿美元，其中包括使"民族团结政府"等反抗者组织合法化，恢复民主治理，促进民族和解等对缅法案。^③ 除了政治手段，美国还支持脸书、推特、油管在内的世界主流社交媒体关闭了缅甸国营广播电视台（MRTV）和军方拥有的妙瓦底新闻（Myawaddy Media）以及其他各类缅军人账号，封锁缅军话语权。^④ 在脸书母公司元宇宙（Meta）的封杀动员下，一些亲近缅军的企业公司页面也无法访问，例如 Mytel 电信公司、妙瓦底银行（Myawaddy Bank）和"缅甸啤酒"等公司的脸书页面，以及敏昂莱的女儿经营的一家

① "Remarks by President Biden on America's Place in the World," White House, February 4, 2021, https://www.whitehouse.gov/briefing-room/speeches-remarks/2021/02/04/remarks-by-president-biden-on-americas-place-in-the-world/.

② "US Welcomes Pledge by Myanmar Shadow Government to Help Rohingya." VoA, June 7, 2021, https://www.voanews.com/east-asia-pacific/us-welcomes-pledge-myanmar-shadow-government-help-rohingya/.

③ "The U.S. Senate Passes the Bipartisan Amendment in the National Defense Authorization Act to Support Democracy in Myanmar," Eleven Myanmar, December 28, 2021, https://elevenmyanmar.com/news/the-us-senate-passes-the-bipartisan-amendment-in-the-national-defense-authorization-act-to/.

④ "YouTube Removes Five Myanmar TV Channels from Platform,"*The Jerusalem Post*, Mar.5, 2021, https://www.jpost.com/breaking-news/youtube-removes-five-myanmar-tv-channels-from-platform-661050/.

电影制作公司等。^① 此外，具有世界影响力的美国开放社会基金会为缅甸"公民不服从运动"提供资金，同时继续援助克钦邦、掸邦等地区的宗教少数群体，间接支持民地武反抗军人。^②

（三）区域外交：东盟机制的地位及局限

东盟国家对军人执政一开始就采取了不同的态度。新加坡、马来西亚、印尼和菲律宾等老东盟国家对缅甸局势表示了高度关注，将其称为缅甸"政变"或"政治动乱"；柬埔寨、老挝和越南等新东盟国家则采取较为审慎的态度，将缅甸事态视为"内政"并担心"外部介入只会让情况更糟"；泰国则相对比较特殊，虽是一个老牌东盟国家，但其与缅甸的接壤位置，促使泰方提出了更为温和兼而强调尊重缅甸和东盟团结的方案。^③ 虽然各国态度各异，但总体上不赞同域外势力介入，呼吁各方保持克制，强调通过和平对话解决争端，这也导致各方迅速达成一致，认同举办缅甸问题特别峰会来商讨问题解决的"东盟方式"。

2021年4月，东盟缅甸问题特别峰会上提出"五点共识"，即"停

① "Facebook Finally Bans Myanmar Military-linked Companies from Its Platform," Myanmar Now, December 8, 2021, https://www.myanmar-now.org/en/news/facebook-finally-bans-myanmar-military-linked-companies-from-its-platform/.

②《警惕：美西方秘密干预缅甸政局，意在遏制中国》，"安全研究"公众号，2022年1月11日，https://mp.weixin.qq.com/s/3RRNlkz3ZYWJjxFok_3TAw/。

③ "Indonesia, Malaysia Call for Special ASEAN Meeting on Myanmar Coup," RFA, February 5, 2021, https://www.rfa.org/english/news/myanmar/meeting-02052021160727.html/.

止暴力、建设性对话、调解对话、人道主义援助和特使会晤"。①

不过，主要利益相关方只是把漂亮的绣球抛给了东盟，却并没有给东盟提供足够的政治资源和解决问题的空间，尤其是当事方缅甸。2021 年，缅军坚决拒绝以任何形式与反对派对话，而缅双方都没有真正做到停止暴力，东盟的调解本质上来说只是牵线搭桥，军方强烈的反对态度直接导致东盟拒绝敏昂莱参与东盟峰会。

此外，域外大国并没有放弃通过拉拢东盟以实现自身政治利益的诉求。例如，美国国务卿布林肯曾在 2021 年 12 月借邀请东盟国家领导人参加所谓"世界民主峰会"的时机要求东盟国家"单独或集体地向缅甸军政府施加压力，使缅甸回到民主轨道上"，并督促东盟"劝缅方早日兑现五点共识"。②西方还不忘炒作"东盟内部分歧论"，指责新主席国柬埔寨洪森是为了自身的权力地位而向缅甸伸出橄榄枝，并不考虑洪森在谋求东盟之间合作的对策方面是否提出新的途径。③从后期行动轨迹来看，在众多问题上洪森实际上仍然顾及东盟的整体利益而开始对缅施压，只是同时也给予缅方认可和尊重，柬方强调"不指望一次性访问来解决危机"却遭到西方批评。此外，一些国家媒体借批评东盟的机会释放出"要求缅甸退出东盟"的极

① "Myanmar Junta Says No to ASEAN Envoy Visit until 'Stability' Established," Mizzima, May 9, 2021, https://www.mizzima.com/article/myanmar-junta-says-no-asean-envoy-visit-until-stability-established/.

② "Blinken Says U.S. to Look at More Myanmar Measures, Plans ASEAN Summit," Reuters, December 15, 2021, https://www.reuters.com/world/china/us-looking-whether-myanmar-treatment-rohingya-is-genocide-blinken-2021-12-15/.

③《温纳貌伦与柬埔寨首相洪森举行会谈》，[缅]缅甸民主之声，2021 年 12 月 7 日，http://burmese.dvb.no/archives/504625/.

端言论，也给东盟解决缅甸问题带来更多压力。^①

（四）中缅关系：多线并重，艰难向前

2021 年对于中缅关系是充满考验的一年。中缅关系虽然遇到了一些挫折，但仍在向前发展。

1. 政治交往：审慎与负责的双边关系

缅甸军人执政后，中方进行了审慎应对，以尊重缅甸内政为基础，不主动表态或作出声明，同时密切关注相关事态的发展。2 月中旬，中国驻缅大使陈海就当前缅甸局势接受缅甸媒体采访称"作为缅甸的友好邻邦，中方高度关注缅甸近期发生的事情"，"民盟和军队都同我们有友好关系。出现现在的局面完全是中方不愿意看到的"，同时，也提出较为中肯的建议，"我们希望缅甸各方在宪法和法律框架下妥善处理分歧，维护政治和社会稳定"。^② 在事态逐步严峻化的背景下，中方开始积极斡旋，并且提出有建设性的方针。在十三届全国人大四次会议新闻发布会上，国务委员兼外长王毅就缅甸局势提出"各方保持冷静为局势降温""中方支持东盟斡旋并愿意同各方接触""中方对缅友好面对各党各派与全缅人民"三点主张。^③

① "Will Cambodia's ASEAN Chairmanship Be Able to Help Myanmar Resolve Its Crisis?" *Khmer Times*, December 15, 2021, https://www.khmertimeskh.com/50988596/will-cambodias-asean-chairmanship-be-able-to-help-myanmar-resolve-its-crisis/.

②《陈海大使就当前缅甸局势接受缅甸媒体采访》，中国驻缅大使馆，2021 年 2 月 16 日，http://mm.china-embassy.org/xwdt/202102/t20210216_9986082.htm/。

③《王毅就缅甸局势提出中方三点主张》，中国驻缅大使馆，2021 年 3 月 8 日，http://mm.china-embassy.org/xwdt/202103/t20210308_9986084.htm/。

除了强调与缅甸人民的胞波情谊，致力于人道主义开展广泛的援助和公共卫生的支援，还强调在不同场合针对不同行为体做出相得益彰的外交决策。王毅在同新加坡、马来西亚、印尼和菲律宾四国外长谈论缅甸局势时提出"三个支持""三个避免"，支持对话解决问题、支持东盟方式和东盟领导人特别会议，同时强调避免流血冲突和联合国安理会的不当介入，避免域外势力推波助澜。①

2. 危机管理：问题导向，去除涉华不利因素

针对缅国内外某些政治势力和境外媒体炒作一系列对华不利的舆论，中方沉着应对、据理反击，从年初的"怀疑论""阴谋论"充盈，到后期各方认识到"中国的支持对促进东盟解决缅甸危机至关重要"的共识，2021 年的中缅关系体现了双方以问题为导向进行危机管理的方式。例如，在缅军执政后，由于中方没有追随西方等国家发表反对缅军的过激言论，中国驻缅大使馆在 2 月中旬的答记者问中一一据理进行了解释。② 3 月中旬前后，针对缅甸仰光工业区多家中资企业遭不法分子打砸抢烧，一些媒体生拉硬套，结合中方曾在联合国安理会反对谴责军方的努力，想象出"缅甸民众反对中国

①《王毅谈对缅甸局势的"三个支持""三个避免"》，中国外交部网站，2021 年 4 月 3 日，https://www.fmprc.gov.cn/web/gjhdq_676201/gj_676203/yz_676205/1206_676452/xgxw_676458/202104/t20210403_9181137.shtml/。

②《陈海大使就当前缅甸局势接受缅甸媒体采访》，中国驻缅大使馆，2021 年 2 月 16 日，http://mm.china-embassy.org/xwdt/202102/t20210216_9986082.htm/。

支持军政府"的言论。① 对此，中方一方面迅速指出被打砸抢烧的并非都是中国企业，并且指出纺织制衣行业中的中方投资为缅方提供了40多万个就业机会，指出打砸抢烧非法并损害缅民众利益的本质；另一方面要求缅方采取进一步的有效措施，制止一切暴力行为，呼吁缅甸民众合法表达诉求，不被煽动和利用，破坏中缅友好合作。② 通过数轮发声并在缅甸舆论中"主动降噪"，中方驱散了众多不实言论。虽然并不能阻止美西方借英文媒体阵地继续散布"中国威胁论"，但中方在缅甸的中立姿态和斡旋意图大致得到各方认同。随着中方鼎力支持东盟"五点共识"及在缅甸问题上有力建议的提出，中方积极参与缅甸问题在东盟框架下解决的地位也得到认可，各利益相关方尤其是东盟国家重视并欢迎中方参与到缅甸问题的解决路径中。

3. 经济关系：稳促中缅贸易良性恢复

中国仍然是缅甸最大的贸易国和首要出口国，但截至 2021 年末，中缅贸易尤其是边境贸易受缅政局和疫情影响严重。10—11 月，规模最大的缅中边贸木姐口岸的边贸额约 9500 万美元，同比下跌 6.29 亿美元。③ 不过从全年来看，中缅两国都在致力于促进边境贸易

---

① 《港报社评：缅甸濒临大规模内战危机——信报 3 月 16 日》，路透社中文版，2021 年 3 月 16 日，https://www.reuters.com/article/%E6%B8%AF%E6%8A%A5%E7%A4%BE%E8%AF%84%EF%BC%9A%E7%BC%85%E7%94%B8%E6%BF%92%E4%B8%B4%E5%A4%A7%E8%A7%84%E6%A8%A1%E5%86%85%E6%88%98%E5%8D%B1%E6%9C%BA~%E4%BF%A1%E6%8A%A5%3%E6%9C%8816%E6%97%A5-idCNL4S2LE01M/。

② 《中国驻缅甸使馆发言人就在缅中资企业遭打砸抢烧发表谈话》，中国驻缅大使馆，2021 年 3 月 14 日，http://mm.china-embassy.org/xwdt/202103/t20210314_9986087.htm/。

③ 《中缅边贸重启助力缅甸经济复苏》，《光明日报》2021 年 12 月 16 日，https://news.gmw.cn/2021-12/16/content_35383913.htm/。

恢复常态。其一，注重项目接续，重视互联互通。8 月上旬，中缅双方通过视频会议签署了 2021 年澜湄合作专项基金缅方项目合作协议，中方将为缅甸提供超 610 万美元（约合 3956 万元人民币），用于资助 21 个发展项目。[1] 其二，使用人民币结算，重开边贸口岸。10 月中旬，缅甸中央银行（CBM）正式发布公告，将于 2021 年 12 月 14 日，允许在中缅边境直接支付人民币和缅元，这项政策为双边贸易的双边支付和清算账户提供便利。[2] 随后，畹町、金三角、清水河等中缅边境贸易口岸逐步重开。中国方面重新批准缅甸向中国出口甘蔗、橡胶、雪燕、棉花等原料产品。边贸口岸重开试行期间，中缅双方通过协商，采用以集装箱过货和司机轮替的方式执行通关。其三，多领域合作，促进缅甸经济复苏。接近年末，随着中缅双方边贸的恢复，多领域经济合作也不断恢复。12 月上旬，中国中信集团与缅甸大米协会备忘录线上签约仪式在缅甸商务部会议大厅举行，缅甸商务部长本山（Pwint San）出席签约仪式并致辞。本山表示双方加强农业领域的合作，将有利于深化中缅胞波友谊，保证粮食安全，改善农民经济条件。[3] 同期，缅中合作事宜协商会议召开，会议就缅中两国合作事宜进行了讨论，包括进一步落实缅中合作项目，加强基础设施建设项目等领域的合作，克服项目中所遇困难，双方

---

① 《陈海大使在 2021 年澜湄合作专项基金缅方项目合作协议签约仪式上的讲话》，中国驻缅大使馆，2021 年 8 月 10 日，https://www.fmprc.gov.cn/ce/cemm/chn/sgxw/t1898537.htm/。

② 《为事件遇难者提供葬礼》，BBC 缅文网，2021 年 12 月 29 日，https://www.bbc.com/burmese/live/burma-59562110/。

③ "China's CITIC Group, Myanmar Rice Federation Ink MoA," *The Global New Light of Myanmar*, December 9, 2021.

政策协调与沟通。①

4. 疫情之下：守望相助胞波情

在中缅经贸关系出现停摆的时期，中方并没有停止与缅甸民众建立更深层次的"民心相通"，抗疫合作就是典型的例子。2021年5月2日，中国政府援助缅甸50万剂新冠肺炎疫苗运抵缅甸仰光国际机场，系中方年初承诺，在缅甸疫情防控关键阶段交付，体现了中缅守望相助的胞波情谊和命运共同体精神。②同时，这也兑现了中方不因缅甸政局的发展变化就忽略了对缅甸民众的守望相助。在8月澜湄基金支持的项目中，中方也重视"改善民生""深化抗疫合作"的理念，中国驻缅甸大使陈海表示，中方急缅方之所急，援助缅甸250万剂疫苗，为缅方疫苗采购提供有力协助，专门开通中缅边境抗疫物资特殊通道，疫苗、呼吸机、制氧机、氧气瓶、口罩等物资正源源不断进入缅甸。③在中方的助力下，缅方在应对"第三波疫情"的压力下较好地维护了民众的生命安全，在缅方各界共同努力下，缅甸疫情防控已初见成效。作为回馈，缅方也注意到域外大国试图通过将新冠肺炎病毒溯源政治化借机反华的意图，就通过卫生部正式声明驰援中方。④此外，中方还重视与缅方在教育培训等领

---

① "Meeting on Myanmar-China Bilateral Cooperation Held," *The Global New Light of Myanmar*, December 8, 2021.

②《中国援助缅甸50万剂新冠肺炎疫苗运抵仰光》，中国驻缅大使馆，2021年5月2日，http://mm.china-embassy.org/xwdt/202105/t20210502_8906371.htm/。

③《陈海大使在2021年澜湄合作专项基金缅方项目合作协议签约仪式上的讲话》，中国驻缅大使馆，2021年8月10日，https://www.fmprc.gov.cn/ce/cemm/chn/sgxw/t1898537.htm/。

④《缅甸卫生部发表声明反对新冠病毒溯源政治化》，中国驻缅大使馆，2021年9月2日，http://mm.china-embassy.org/xwdt/202109/t20210902_8906425.htm/。

042

域的合作。2021 年，中方克服疫情和缅甸政局变化的影响，继续面向缅甸开展援外培训和学历学位项目招生。年内已有 132 名缅方学员参加了中国无偿援助的多双边培训班，19 名学员被中国商务部奖学金项目录取。8 月中旬，由中国商务部主办、云南国际经济技术交流中心承办、云南财经大学协办的缅甸区域全面经济伙伴关系协定（RCEP）建设研修班以线上形式开班，来自缅甸经济部门的学员参加了本期研修班。

四、结语

2021 年缅甸政治发生变局，缅军执政后，曾经一度，缅甸经济与社会形势紧张和外交形势孤立，与疫情叠加形势更严峻。到年末，缅军的经济社会治理并未交白卷，但依旧很难为萧条的缅甸市场注入强心剂。对于依赖对外投资与贸易来提振经济的缅甸而言，2021 年军人政府制定了一定的应对策略，但对内对外仍遇到了一定挫折。对外企而言，资产流入面临众多问题，包括法律风险、民粹情绪和治安混乱等。缅甸危机并非单纯的内政问题，而是在国家建设经历了 70 多年挫折后，由内至外的多层信任危机构筑了族际和党际矛盾，这些问题还严重外溢、内外叠加。缅甸国内国家建设不顺畅，对外则国际贸易的比较优势发挥不出来，经济长期落后，外资望而却步。2022 年是军政府执政第二年，政府仍面临众多政治、经济、社会、外交问题的挑战，亟待各利益相关方以国家大局和人民利益为重，通过政治智慧，探索符合缅甸国情、具有缅甸特色的政治发展道路。

·内政外交·

2021 年 2 月以来缅甸与东盟关系发展与展望

宋清润 陆美岑 ①

【摘 要】2021 年 2 月 1 日缅甸军方接管国家权力之后，各方斗争激烈，暴力冲突持续，较难和解，需要国际斡旋来缓和局势。而且，缅甸乱局影响外溢至地区层面，再度引发东盟高度关注。东盟在建设性推动缅甸和解方面发挥着不可替代的作用，东盟及其成员国随后加大建设性参与缅甸和解事务的力度。双方关系发展出现复杂的新态势，在 2021 年出现重大倒退，2022 年初则又出现转圜。东盟及其成员国与缅甸多个利益攸关方在推动缅甸和解方面的互动复杂，因此，东盟在推动缅甸和解方面虽然取得一些成效，但面临诸多挑战。未来缅甸与东盟关系存在改善的可能性，不过双方关系改善仍将受以下因素影响：缅甸的和解进展能否获得东盟认可，双方在缅甸何种级别官员参加东盟外长会、东盟峰会等问题上能否达成妥协，缅甸问题是否会持续影响东盟团结合作及其与美国等西方国家和组织的关系，等等。

【关键词】缅甸；政局；缅甸与东盟关系；展望

---

① 宋清润，北京外国语大学亚洲学院教授、东南亚研究中心研究员，云南大学中国周边外交研究省部共建协同创新中心特约研究员；陆美岑，北京外国语大学亚洲学院亚非语言文学（缅甸语）专业硕士研究生。

东盟 1967 年成立以来，形成了独特的决策方式——"东盟方式"，其重要特点是在做出决策时对成员国奉行不干涉内政、协调一致的原则，这有利于维护东盟内部团结。1988 年以来，缅甸政治局势多次出现重大变化，长期是东盟以及国际社会关注的焦点之一。东盟 1997 年顶住美国、欧盟等西方国家和组织的压力接纳缅甸，此后，缅甸与东盟的互动也遵循东盟的一些原则，即东盟长期建设性助推缅甸政治转型并帮助缅甸缓冲西方压力，缅甸也从东盟获得外交支持和经济发展资源。不过，由于缅甸局势多次发生重大变动，对东盟利益产生复杂影响，双方关系有时也出现一些波动。2021 年 2 月 1 日缅甸政局突变后，其乱局影响外溢至地区层面，再度引发东盟高度关注，双方关系发展出现复杂的新态势，在 2021 年出现重大波折，2022 年初则又出现转圜。本文主要论述 2021 年 2 月至 2022 年 3 月的缅甸与东盟关系发展情况，分析这一时期双方关系发展特点，并展望双方关系发展前景。

笔者也在此指出，由于东盟组织的一体化和机制化程度不高，并非像欧盟那样的机制化很强、对成员国有较强约束力并能对成员国采取较有力举措的"超国家"组织，因此，缅甸与东盟的关系长期存在两个层面的关系：一是缅甸与东盟组织层面的关系，二是缅甸与东盟其他成员国的关系。

一、缅甸局势再次引发东盟高度关注

缅甸 2020 年 11 月大选结束之后，关于大选结果的争议不断，难以找出妥协性的解决方案。2021 年 2 月 1 日，缅甸军方宣布接管国家权力，扣押时任总统温敏（Win Myint）、国务资政昂山素季（Aung San Suu Kyi）等全国民主联盟（简称"民盟"）政府的高官。军方宣布实施紧急状态，成立国家管理委员会（The State Administration Council），国防军总司令敏昂莱（Min Aung Hlaing）任委员会主席。[①]

在缅甸政局变化后最初两三天，局势整体基本可控，尚未发生大规模混乱和暴力冲突。因此，东盟及其成员国对缅甸局势的反应较为迅速，相关声明态度较为温和，鲜有公开的强烈批评。例如，东盟秘书处网站于2月1日发布的《东盟主席国的关于缅甸联邦共和国（形势）发展的声明》表示：东盟成员国对缅甸局势保持"密切关注"，我们回顾《东盟宪章》的宗旨和原则，包括遵守民主、法治和善政，尊重和保护人权与基本自由的原则，我们重申，东盟成员国的政治稳定对于实现一个和平、稳定和繁荣的东盟共同体至关重要，鼓励缅甸相关各方按照缅甸人民的意愿和利益寻求对话、和解并恢复正常状态。[②] 菲律宾2月1日表示不干涉缅甸内政，2日则

[①] 2021年8月1日，缅甸国家管理委员会发布命令，决定将国家管理委员会改组为看守政府，国家管理委员会主席敏昂莱担任看守政府总理。不过，此后经常仍是缅甸国家管理委员会发布政令，故本文参考新华社新闻的用词，仍统一使用"缅甸国家管理委员会"的说法。

[②] *ASEAN Chairman's Statement on The Developments in The Republic of The Union of Myanmar*, The ASEAN Secretariat, February 1, 2021, accessed March 8, 2022, https://asean.org/asean-chairmans-statement-on-the-developments-in-the-republic-of-the-union-of-myanmar-2/.

表示对缅甸局势密切关注，尤其关注昂山素季的处境。[①] 越南、泰国等东盟部分国家的表态也较为温和，不愿干预缅甸内政，这些国家主要是呼吁缅甸各方和平解决问题，希望缅甸局势稳定。[②]

缅甸政局突变数日后，支持军方和反对军方的人士的斗争规模变大，发生暴力冲突事件，开始出现人员伤亡。缅甸形势逐渐恶化，已经不再仅仅是其内政问题了，因为其乱局持续，影响外溢，对区域稳定和"东盟的形象、信誉和团结"有所影响。[③] 安全层面，缅甸东南部的一些冲突波及泰国边境安全，更多流离失所者逃离缅甸，对泰国、马来西亚等国构成较大压力。缅泰边境武器走私和贩毒加剧，使泰国边境面临较大的人员管理压力、疫情管控压力和安全挑战。在马来西亚，由于缅甸难民持续涌入，本地反难民情绪上升。马来西亚不再愿意承受缅甸难民增多的压力，陆续组织遣返工作。2021 年 2 月 23 日，马来西亚移民局执行了一项涉及 1086 名缅甸国民的遣返计划。[④] 经济层面，东盟经济已经深受疫情冲击，缅甸乱局

① Sofia Tomacruz, "Philippines Changes Tune, Now Voices 'Deep Concern' over Myanmar Coup," *Rappler*, February 2, 2021, accessed March 8, 2022, https://www.rappler.com/nation/philippines-changes-tune-now-voices-deep-concern-over-myanmar-coup/.

② "Vietnam Wants Myanmar to Soon Stabilize Its Situation: Spokeswoman," Vietnam Plus, February 1, 2021, accessed April 12, 2022, https://en.vietnamplus.vn/vietnam-wants-myanmar-to-soon-stabilise-its-situation-spokeswoman/195754.vnp.

③ 吴汉钧:《柬埔寨：缅甸具备爆发内战所有元素》，联合早报网，2022 年 1 月 6 日，https://www.zaobao.com/news/sea/story20220106-1230030，访问日期：2022 年 3 月 12 日。

④ Kuala Lumpur, "Malaysia Deports 1,086 Myanmar Nationals, despite Court-Ordered Stay," *The Straits Times*, February 24, 2021, accessed December 29, 2021, https://www.straitstimes.com/asia/se-asia/malaysia-prepares-to-deport-myanmar-asylum-seekers-and-detainees-despite-outcry.

不仅影响东盟多国与缅甸经济合作，也加剧国际资本对东盟整体稳定性和区域一体化的担忧。外交层面，东盟推动缅甸和解遭遇挑战，缅甸局势影响东盟团结、国际形象以及东盟与美国等西方国家和组织的关系，影响东盟在区域合作中的中心地位。因此，缅甸局势引发东盟和整个国际社会更高程度的关注。

缅甸各方斗争激烈，暴力冲突持续，较难和解，需要国际斡旋来缓和局势，而东盟是本地区最重要区域组织，在建设性推动缅甸和解方面发挥着不可替代的作用。因此，维护缅甸以及地区安全稳定和可持续发展成为东盟以建设性方式持续参与缅甸和解进程的重要动因。

一方面，东盟部分国家对缅甸局势的关注度提升，政策表态开始趋于强硬，呼吁缅甸各方避免暴力。菲律宾、新加坡、印度尼西亚和马来西亚等东盟国家表示对缅甸局势高度关注，向缅甸军方施压。① 新加坡呼吁缅甸释放温敏、昂山素季等被扣押者，希望缅甸各

① Jakarta, "Malaysia, Indonesia Seek ASEAN Meeting to Discuss Myanmar Coup," *Alarabiya News*, February 5, 2021, accessed March 8, 2022, https://english.alarabiya. net/News/world/2021/02/05/Malaysia-Indonesia-seek-ASEAN-meeting-to-discuss-Myanmar-coup; *Statement of Secretary of Foreign Affairs Teodoro L. Locsin, Jr. on the Situation in Myanmar*, Department of Foreign Affairs of Philippine, February 5, 2021, accessed December 2, 2021, https://dfa.gov.ph/dfa-news/statements-and-advisoriesupdate/28601-statement-of-secretary-of-foreign-affairs-teodoro-l-locsin-jr-on-the-situation-in-myanmar.

方通过谈判回归民主转型的道路。[①]

　　另一方面，东盟部分国家开始采取行动，尝试推动缅甸局势缓和，但面临较大挑战，相关举措的成效不大。其中，印尼作为东盟最大国家，积极推动缅甸局势缓和。印尼外交部长蕾特诺·马尔苏迪（Retno Marsudi）在东盟多国间开展穿梭外交，赴文莱、新加坡和泰国磋商缅甸局势。印尼曾经提议东盟国家共同要求缅甸国家管理委员会遵守在一年内举行新大选的承诺，而且不会将任何党派排除在外，并允许国际观察员到场监督，确保选举公平性。虽然印尼的提议不失为推动问题解决的一种折中方案，但是缅甸反军方人士认为举行新选举意味着推翻 2020 年大选的结果。[②] 迫于压力，蕾特诺放弃了原计划于 2021 年 2 月下旬访问缅甸的行程。印尼外交部表示，考虑到缅甸当时的事态发展和其他东盟国家的意见，认为现在不是印尼外交部长访问缅甸的合适时机。[③] 于是蕾特诺 2 月下旬访问泰国时与缅甸外交部长温纳貌伦（Wunna Maung Lwin）和泰国外交部长

① "Minister for Foreign Affairs Dr Vivian Balakrishnan's Oral Reply to Parliamentary and Supplementary Questions on the Situation in Myanmar," Ministry of Foreign Affairs of Singapore, February 16, 2021, accessed December 2, 2021, https://www.mfa.gov.sg/Newsroom/Press-Statements-Transcripts-and-Photos/2021/02/20210216-Oral-Reply-to-PQ-on-Situation-in-Myanmar.

② "Indonesian Plan Calls for S-E Asia to Hold Myanmar Junta to Election Pledge," *The Business Times*, February 22, 2021, accessed December 29, 2021, https://www.businesstimes.com.sg/government-economy/indonesian-plan-calls-for-s-e-asia-to-hold-myanmar-junta-to-election-pledge.

③ "Indonesia Says Foreign Minister's Planned Visit to Myanmar Not Going Ahead," *Reuters*, February 24, 2021, accessed December 29, 2021, https://www.reuters.com/article/us-myanmar-politics-indoneia-idUSKBN2AO0AW.

敦·帕马威奈（Don Pramudwinai）一起召开了一次会议。印尼敦促缅甸相关各方保持克制，停止暴力，避免伤亡。[1] 但在会谈之后，印尼也难以说服缅甸相关各方采取缓和局势的行动。

东盟及其成员国随后加大了建设性参与缅甸和解事务的力度。东盟 2021 年 3 月 2 日在线上召开成员国外交部长特别会议，讨论缅甸局势，缅甸外交部长温纳貌伦也出席了该会议。东盟在会后发布的声明中，除了呼吁缅甸有关各方要尽力克制、停止暴力，还表示出对地区安全稳定的担忧，再次强调，东盟一致认为任何一个东盟成员国的政治稳定对于实现东盟的和平、稳定和繁荣都至关重要。[2] 马来西亚、印度尼西亚、新加坡、菲律宾等东盟国家对缅甸局势影响本国与东盟的整体利益表示不满，态度更加强硬，敦促缅甸军方释放昂山素季等被扣押的人士。印度尼西亚外交部长蕾特诺表示，如果缅甸不向东盟敞开大门，东盟提供帮助的愿望和善意将无法实现（应有的成效）。[3] 菲律宾外交部长特奥多罗·洛钦（Teodoro Locsin）表示，菲律宾支持缅甸实现民主，在缅甸，昂山素季与军

① *Statement on the Development of the Situation in Myanmar*, Ministry of Foreign Affairs of Indonesia, February 28, 2021, accessed December 2, 2021, https://kemlu.go.id/portal/en/read/2203/berita/statement-on-the-development-of-the-situation-in-myanmar.

② *Chair's Statement on the Informal ASEAN Ministerial Meeting (IAMM)*, The ASEAN Secretariat, March 2, 2021, accessed December 2, 2021, https://asean.org/chairs-statement-on-the-informal-asean-ministerial-meeting-iamm/.

③ Niniek Karmini, "Southeast Asian Nations Urge Halt to Violence in Myanmar," *Associated Press News*, March 2, 2021, accessed December 2, 2021, https://apnews.com/article/aung-san-suu-kyi-brunei-global-trade-myanmar-indonesia-e7de1f683b252107292 39ee79533feb1.

方都很重要。^①作为在缅甸投资较多的国家，新加坡外交部长维文·巴拉克里什南（Vivian Balakrishnan）表示，缅甸的事态发展不应影响东盟与外部合作伙伴，尤其是不应影响东盟与美国的接触，否则将会对东盟在地区合作中的中心地位造成严重打击。新加坡还敦促东盟的伙伴国不要实施伤害缅甸普通民众的广泛经济制裁。^②

尽管东盟各国尝试通过发表声明和外交活动推动缅甸局势降温，但实际进展不大。缅甸多方的暴力冲突持续，死伤人数不断上升，这也再次说明缅甸国内局势复杂、和解难度大。

二、双方关系发生重大波折

东盟及其成员国与缅甸多个利益攸关方在推动缅甸和解方面存在诸多分歧和博弈，导致东盟与缅甸关系出现1997年以来的重大波折，这对双方均造成较大困扰。

缅甸局势持续恶化，对东盟影响持续加大，东盟加大集体应对的力度。2021年4月24日，在印尼首都雅加达举行了东盟领导人缅甸问题特别会议（线下会议），说明东盟高度重视缅甸局势的发展和问题的解决。在会议上，成员国重申了对东盟宪章所载原则的集

① Sofia Tomacruz, "Philippines Calls for Suu Kyi's 'Immediate Release' as Myanmar Crisis Worsens," *Rappler*, March 2, 2021, accessed December 2, 2021, https://www.rappler.com/nation/philippines-calls-suu-kyi-immediate-release-asean-unity-myanmar-crisis-worsens/.

② "Minister for Foreign Affairs Dr Vivian Balakrishnan's Intervention at the Informal ASEAN Ministerial Meeting on 2 March 2021 at 1600hrs," Ministry of Foreign Affairs of Singapore, March 2, 2021, accessed December 2, 2021, https://www.mfa.gov.sg/Newsroom/Press-Statements-Transcripts-and-Photos/2021/03/02032021-IAMM.

体承诺，包括遵守法制、善政、民主和宪政原则，尊重基本自由以及促进和保护人权。会议就缅甸局势达成东盟"五点共识"：各方应立即停止暴力，保持最大程度克制；各方应展开建设性对话，从人民利益出发，寻求以和平方式解决问题；东盟轮值主席国特使应在东盟秘书长协助下推动缅甸对话进程；东盟应通过东盟灾害管理人道主义援助协调中心提供人道主义援助；东盟特使和代表团应访缅，与有关各方举行会晤等。[①] 在会议上，各成员国按照"东盟方式"，本着协调一致的原则应对缅甸问题。尽管东盟内部在缅甸问题上存在意见分歧，但会后发布的东盟"五点共识"仍体现了十国意见的"最大公约数"，为东盟以后调解缅甸局势奠定基础。共识内容没有过于强硬的要求，而是试图找出一条多方认可的建设性解决缅甸问题的思路，有助于缓解缅甸国内的紧张局势和人道主义危机。

这是东盟按照"东盟方式"尝试推动缅甸局势缓和的重要举措，也是自缅甸政局突变以来东盟第一次让敏昂莱参与区域会议，力图尝试通过"东盟方式"来推动缅甸局势缓和。同时，通过东盟接触缅甸、以建设性方式推动缅甸各利益攸关方和解也是国际社会推动缅甸局势缓和的最佳途径。而且，这也有助于东盟在解决内部问题方面掌握主导权，有助于防范有些域外国家和组织绕过东盟强势介入缅甸局势而引发更大乱局，有助于维护地区安全和稳定。

然而，东盟"五点共识"在后续落实方面却遭遇多重挑战，实际进展和成效也有限。一方面，东盟在建设性推动缅甸和解方面的

---

① 林永传：《东盟领导人缅甸局势特别会议达成 5 点共识》，中国新闻网，2021 年 4 月 25 日，https://www.chinanews.com.cn/gj/2021/04-25/9463386.shtml，访问日期：2021 年 12 月 2 日。

成效受制于东盟特殊的组织运作模式及其内部的分歧。东盟在推动缅甸和解方面的政策和举措奉行不干涉内政、协调一致的原则，这有助于维护东盟内部团结，但也会降低东盟决策与行动的效率，是导致东盟"五点共识"落实进度缓慢的重要原因。东盟领导人缅甸局势特别会议 4 月 24 日就缅甸局势达成东盟"五点共识"后，直到 6 月 4 日，东盟轮值主席国文莱外交主管部长艾瑞万·尤索夫（Erywan Yusof，8 月 4 日出任东盟缅甸问题特使）、东盟秘书长林玉辉（Lim Jock Hoi）等高官才代表东盟访缅，讨论"五点共识"的落实。东盟官员会见了敏昂莱，却未获准会见昂山素季。而且，虽然东盟成员国都致力于推动缅甸各方和解，但不同国家在对缅甸政策方面存在分歧。泰国、越南、老挝、柬埔寨很少批评缅甸国家管理委员会，菲律宾、文莱、马来西亚、印尼、新加坡则向缅甸国家管理委员会施压，内部分歧掣肘东盟推动缅甸和解的进度和效果。在东盟达成"五点共识"后的 3 个多月里，由于东盟各国在东盟缅甸问题特使的人选、任务、任期等问题上存在分歧，东盟直到 8 月 4 日才宣布任命艾瑞万为东盟缅甸问题特使，而此时距离文莱同年底卸任东盟轮值主席国也就剩下 4 个多月的时间，艾瑞万担任特使，时间短、任务重，其工作效果难免受限。

另一方面，解铃还须系铃人，缅甸局势缓和的关键在于国内各利益攸关方实现和解，然而缅甸国内多个利益攸关方缺乏和解意愿，斗争不止，暴力冲突频发，加剧东盟推动缅甸内部各方和解的难度。由于东盟并非超国家机构，其针对缅甸局势发表的声明或决议对缅甸各利益攸关方会形成一定压力，但较难具有强制性约束力，因此其对缅甸国内违反东盟"五点共识"的主体的"惩罚手段"也有限。如果缅甸国内多个利益攸关方始终针锋相对，东盟建设性推动缅甸和解的举措作为一个外部因素，其调解效果自然也较为有限。而且，截至2021年底，东盟缅甸问题特使再未访缅，因为缅甸主要利益攸关方在落实东盟"五点共识"方面进展缓慢，特使即使再次访缅也无法见到正在接受司法审判的昂山素季，加之缅甸冲突局势持续，支持军方和反对军方的组织和人士中的一些极端人士不断发动暴力袭击，导致伤亡人数逐渐上升，破坏和解气氛和进程。此外，美国、欧盟等西方国家和组织在缅甸问题上也不断向东盟施压，这也加剧了东盟内部不同成员国的政策分歧，增加了东盟推动缅甸和解的难度。

多种因素导致东盟"五点共识"落实不畅，效果有限，引发东盟多国不满，马来西亚、菲律宾等多个国家敦促东盟对缅甸采取更强有力的施压举措。而且，东盟"五点共识"落实效果不佳，东盟承受的国际压力也逐渐增大。东盟为证明其不是有些人说的"清谈馆"，为维护国际声誉和在地区合作中的中心地位，为避免2021年10月底举行的东亚峰会、11月底举行的亚欧首脑会议等会议遭到美国或欧盟抵制，东盟加大向缅甸的施压力度，以确保东盟举办的重要国际会议的顺利召开。东盟于10月15日召开会议决定，不邀请敏昂莱参加东盟峰会，而邀请缅甸一名非政治性代表——外交部常务秘书参加东盟峰会。

一方面，印尼、菲律宾、马来西亚等东盟多个成员国认为缅甸国内问题对区域其他国家造成影响，推动东盟持续向缅甸施压，以维护《东盟宪章》中的一些原则，维护东盟组织的信誉；[1] 另一方面，美国、欧盟等西方国家和组织长期用缅甸问题向东盟施压，其此前反对东盟接纳缅甸、反对缅甸 2006 年出任东盟轮值主席国，[2] 2021 年 2 月以来，就缅甸局势再次向东盟持续施压，督促东盟要求缅甸落实东盟"五点共识"，并敦促东盟及其成员国配合美国、欧盟等对缅甸实施制裁。[3] 东盟与美国、欧盟等西方国家和组织在经贸、外交等领域的合作密切，其担心缅甸问题再次影响东盟与美国、欧盟等西方国家和组织的关系，导致后者不参加东亚峰会和亚欧首脑会议。东盟多次重申，在东盟"五点共识"取得明显进展前，缅甸参加东盟峰会代表应保持非政治性，但东盟为避免发生更大的内部危机，

① "ASEAN Leaders Voice Disappointment at Myanmar Junta as Summit Proceeds without It," *The Irrawaddy*, October 27, 2021, accessed March 8, 2022, https://www.irrawaddy.com/news/burma/asean-leaders-voice-disappointment-at-myanmar-junta-as-summit-proceeds-without-it.html; Rozanna Latiff, Tom Allard and Poppy Mcpherson, "Tradition vs Credibility: Inside the SE Asian Meet that Snubbed Myanmar," *Reuters*, October 19, 2021, accessed April 12, 2022, https://www.reuters.com/world/asia-pacific/tradition-vs-credibility-inside-se-asian-meet-that-snubbed-myanmar-2021-10-19/; "ASEAN should Rethink Non-Interference Policy amid Myanmar Crisis, Malaysia FM Says," Reuters, October 21, 2021, accessed April 12, 2022, https://www.reuters.com/world/asia-pacific/asean-should-rethink-non-interference-policy-amid-myanmar-crisis-malaysia-fm-2021-10-21/.

②《观察家谈缅甸为何放弃任06年度东盟轮值主席国》，中国新闻网，2005 年 7 月 28 日，https://www.chinanews.com.cn/news/2005/2005-07-28/26/605104.shtml，访问日期：2022 年 3 月 12 日。

③ "US Dismisses Myanmar Election Plan, Urges Asean Pressure," *Bangkok Post*, August 3, 2021, accessed April 12, 2022, https://www.bangkokpost.com/world/2159155/us-dismisses-myanmar-election-plan-urges-asean-pressure.

不想开除缅甸，认为保持接触是解决缅甸问题的方法之一。[1]

面对东盟的较大压力，缅甸国家管理委员会做出一定妥协，但在涉及其核心利益的事务上并未做根本性让步。东盟于 2021 年 10 月 15 日宣布不邀请敏昂莱参加东盟峰会后，缅甸随后于 10 月 18 日宣布赦免 5600 名犯人。[2] 10 月 24 日，缅甸国家管理委员发布声明，承诺将尽最大可能与东盟加强合作，共同推进东盟"五点共识"的

① Eileen NG and Jim Gomez, "Brunei Says Myanmar Still 'Integral' to ASEAN Despite Rebuke," *Associated Press News*, October 28, 2021, accessed March 8, 2022, https://apnews.com/article/coronavirus-pandemic-business-asia-myanmar-health-3f2f5edce46872 83ba85f2acf88363c1；Yantoultra Ngui and Philip Heijmans, "Malaysia Minister Criticizes Hun Sen for Myanmar Junta Meeting," Bloomberg, January 14, 2022, accessed March 8, 2022, https://www.bloomberg.com/news/articles/2022-01-14/malaysia-minister-criticizes-hun-sen-for-myanmar-junta-meeting\; "Singapore 'Remains Deeply Concerned' about Situation in Myanmar: MFA," *Channel News Asia*, December 7, 2021, accessed March 8, 2022, https://www.channelnewsasia.com/singapore/myanmar-coup-aung-san-suu-kyi-singapore-remains-deeply-concerned-mfa-2363881；Tom Allard and Agustinus Beo Da Costa, "Indonesia Urges Myanmar to Approve Appointment of ASEAN Envoy," Reuters, August 2, 2021, accessed March 8, 2022, https://www.reuters.com/world/asia-pacific/indonesia-urges-myanmar-approve-appointment-asean-envoy-2021-08-02/; "Philippines Says 'Indispensable' Suu Kyi Must Be Involved in Myanmar Peace Process," *Channel News Asia*, January16, 2022, accessed March 8, 2022, https://www.channelnewsasia.com/asia/philippines-aung-suu-kyi-involved-mynamar-peace-process-2439266；《对待缅军政府虽意见分歧 亚细安无意驱逐缅甸》，联合早报网，2022 年 1 月 20 日，https://www.zaobao.com/news/sea/story20220120-1234723，访问日期：2022 年 3 月 12 日。
② Jessie Yeung, "Myanmar to Release 5,600 Prisoners Held for Anti-Junta Protests,"*Cable News Network*, October 19, 2021, accessed March 8, 2022, https://www.Cable NewsNetwork.com/2021/10/18/asia/myanmar-junta-prisoner-release-intl-hnk/index.html.

落实，并与国际社会和世界各国建立友好关系。① 然而，在关于缅甸参加东盟峰会代表级别的问题上，缅甸表示不满，称美欧向东盟施压导致敏昂莱无法参加东盟峰会。缅甸拒绝了东盟邀请缅甸外交部常务秘书代表缅甸出席东盟峰会的请求，称仅可以接受由政府首脑或其他部长级官员代表缅甸出席东盟峰会。② 缅甸国家管理委员会最终无人参会。

这是东盟拥有 10 个成员国以来东盟峰会首次出现 10 个成员国领导人参会时"缺一"的状况。在 2021 年底，东盟及其多个成员国对缅甸的政策一直较为强硬。但东盟并未将缅甸排除在东盟之外。文莱在 2021 年 10 月底的东盟峰会后强调，缅甸是东盟大家庭不可分割的一部分，其成员资格没有受到质疑，东盟将继续通过落实"五点共识"向缅甸提供帮助。③

此外，由于缅甸政局复杂，缅甸国家管理委员会与部分反对派

① Cincds Myanmar, "တပ်မတော်က နိုင်ငံတော်တာဝန်ရယူခဲ့ရပြီးနောက်ပိုင်းအခြေအနေများနှင့် အာဆီယံ အထူးကိုယ်စားလှယ်ကိစ္စနှင့်စပ်လျဉ်း၍ သတင်းထုတ်ပြန်ချက်," *Office of the Commander-in-chief of Defence Services of Myanmar*, October 23, 2021, accessed March 12, 2022, https://cincds.gov.mm/node/15007.

② Philip Wang, "Myanmar Junta 'Extremely Disappointed' over Leader's Exclusion from ASEAN Summit," *Cable News Network*, October 17, 2021, accessed March 8, 2022, https://edition.Cable NewsNetwork.com/2021/10/16/asia/asean-excludes-myanmar-junta-intl-hnk/index.html; "Myanmar Junta Blames 'Foreign Intervention' for ASEAN Summit Exclusion," *The Jakarta Post*, October 17, 2021, accessed March 12, 2022, https://www.thejakartapost.com/world/2021/10/17/myanmar-junta-blames-foreign-intervention-for-asean-summit-exclusion.html.

③ "ASEAN Says Myanmar 'Part of the Family' as Summit Concludes," *Aljazeera*, October 29, 2021, accessed March 8, 2022, https://www.aljazeera.com/news/2021/10/29/asean-says-myanmar-part-of-the-family-as-summit-concludes.

组织均在争取国际认可和扩大国际空间，对缅甸外交发布不同政策，缅甸反对派人士也想方设法参加东盟官方会议，令东盟有些为难。东盟与缅甸国家管理委员会、反对派政党、组织和人士都有接触，但谨慎处理缅甸参加东盟诸多官方会议的代表人员问题，尽力避免激化缅甸内部不同派别的矛盾，以最大限度地推动缅甸各方和解。

三、双方关系有所转圜

柬埔寨于 2022 年出任东盟轮值主席国，洪森（Hun Sen）首相 1 月 7—8 日应邀访缅，柬埔寨的诸多外交努力不仅为缅甸局势转圜带来新的机遇，也为缅甸与东盟关系的转圜带来新的机遇，但东盟推动缅甸和解的难度仍大。

洪森是 2021 年 2 月以来首位访缅的外国领导人，受到敏昂莱等官员热情接待。他访缅前说，缅甸兄弟，你们是想让国家陷入真内战还是希望问题得到解决？达成共识的第一要务就是保持耐心、停止暴力。[1] 他向缅方强调，根据柬埔寨的和平进程经验，没有各方参与和同意，就不可能实现彻底和平与民族和解。[2] 洪森访缅为东盟进一步斡旋缅甸各方和解创造一定条件。首先，缅甸国家管理委员会

---

[1] 李秉新、甄翔：《东盟柬埔寨首相启动访问缅甸旅程，缅媒：预计不会谈东盟特使会见昂山素季》，环球网，2022 年 1 月 8 日，https://world.huanqiu.com/article/46JMHL3lXoW，访问日期：2022 年 3 月 12 日；如丽：《缅甸问题上闹分歧 洪森怒批马国外交部长"无礼"》，柬中时报网，2022 年 1 月 21 日，https://cc-times.com/posts/16827，访问日期：2022 年 3 月 8 日。

[2]《柬埔寨首相洪森结束对缅甸访问 双方发表联合声明》，央视新闻客户端，2022 年 1 月 8 日，https://content-static.cctvnews.cctv.com/snow-book/index.html?toc_style_id=feeds_default&share_to=copy_url&item_id=11949952710553641221&track_id=7DA54C89-F00D-4703-B94D-559ED3A3FDA2_663344073409，访问日期：2022 年 3 月 12 日。

欢迎柬方任命副首相兼外交大臣布拉索昆（Prak Sokhonn）为东盟缅甸问题特使。敏昂莱承诺配合特使落实东盟"五点共识"，并表示落实"五点共识"应与缅甸国家管理委员会提出的五点路线图相辅相成，将结合缅甸局势为东盟缅甸问题特使访缅和会晤有关各方提供便利，欢迎东盟缅甸问题特使参与缅甸国家管理委员会与少数民族地方武装（简称"民地武"）组织的和谈。其次，柬埔寨和缅甸两国领导人在联合新闻声明中认为，不加歧视地向有需要者有效提供人道主义援助是至关重要的，即反对缅甸军方者也会平等地得到援助，这展现出缅甸国家管理委员会的和解姿态。两国同意召开有东盟缅甸问题特使、东盟秘书长、联合国相关组织、缅甸相关组织参加的会议进行协商，确保人道主义救援发放至有需要者手中。这些表态将有助于缅甸改善民生，减少不稳定因素。[1]

洪森、布拉索昆随后与东盟多国政要磋商，加强东盟国家在缅甸问题上的协调合作。东盟国家认为柬埔寨斡旋工作有成效，但新加坡、菲律宾等多国仍认为缅甸在落实东盟"五点共识"方面的进展缓慢，继续敦促缅甸落实东盟"五点共识"。东盟重申在此方面取得进展前，仍只请缅甸非政治代表参加东盟峰会和外长会。新加坡总理李显龙（Lee Hsien Loong）于1月14日与洪森通话时表示，东

① "Joint Press Release: On the Visit of Samdech Akka Moha Sena Padei Techo HUN SEN Prime Minister of the Kingdom of Cambodia to the Republic of the Union of Myanmar, 07-08 January 2022," Ministry of Foreign Affairs and International Cooperation of Cambodia, January 7, 2022, accessed March 8, 2022, https://www.mfaic.gov.kh/files/uploads/TSRQN2KFYUHS/JOINT_PRESS_RELEASE_ENG_on_the_Visit_of_STPM_to_Myanmar_FINAL.pdf.

盟轮值主席国必须与包括缅甸军方和民盟在内的各方接触。①菲律宾外交部长洛钦于 1 月 16 日表示，昂山素季对恢复缅甸民主不可或缺，必须出席所有和谈。他也呼吁敏昂莱参与包容性对话。②洪森与敏昂莱于 1 月 26 日举行视频会议时表示，对其结束访问后缅甸仍发生武装冲突表示关切和失望，呼吁各方克制，呼吁缅甸国家管理委员会遵守东盟"五点共识"，为东盟缅甸问题特使短期内访缅创造便利条件。③

　　柬埔寨和东盟的持续斡旋与施压产生效果。缅甸国家管理委员会发言人佐敏吞（Zaw Min Tun）于 2022 年 1 月下旬表示，国家管理委员会在 2023 年大选前没有解散民盟的计划，并指出是否解散民盟取决于联邦选举委员会，民盟将自行决定是否参与大选；当前民盟成员分为温和派和强硬派，强硬派仅占民盟总人数 1/4，而国家管理委员会将安排民盟温和派与东盟代表团会面以落实东盟"五点共识"。④已被判刑的民盟中央执行委员会委员汉达敏（Han Tha

① 陈可扬：《落实五点共识没进展 李总理：亚细安应继续只邀缅非政治代表出席会议》，联合早报网，2022 年 1 月 16 日，https://www.zaobao.com/news/singapore/story 20220116-1233373，访问日期：2022 年 3 月 6 日。

② "Philippines Says 'Indispensable' Suu Kyi Must Be Involved in Myanmar Peace Process," *Channel News Asia*, January 16,2022, accessed March 8, 2022, https://www.channelnewsasia.com/asia/philippines-aung-suu-kyi-involved-mynamar-peace-process-2439266.

③ 那利、嘉豪：《洪森与敏昂莱举行视频会晤 吁缅甸遵守东盟共识》，柬中时报网，2022 年 1 月 26 日，https://cc-times.com/posts/16885，访问日期：2022 年 3 月 12 日。

④ "Myanmar Military Won't Dissolve Suu Kyi's NLD Party: Official," *Nikkei Asia*, January 26, 2022, accessed March 8, 2022, https://asia.nikkei.com/SpotLight/Myanmar-Crisis/Myanmar-military-won-t-dissolve-Suu-Kyi-s-NLD-party-official.

Myint，有时也译为汉塔敏）于 1 月 27 日获释，是 2021 年 2 月以来获释的首位民盟中央执委。同日，前民盟政府缅甸计划、财政与工业部部长梭温（U Soe Win）获得保释。缅甸外交部于 1 月 29 日确认，布拉索昆访缅时将获准会见缅甸"民地武"组织代表等利益攸关方。[1]

此外，2022 年以来柬埔寨、东盟与联合国加强合作，协同推动解决缅甸问题。2021 年 10 月 25 日上任的联合国缅甸问题特使诺琳·海泽（Noeleen Heyzer）于 2022 年先后与布拉索昆、洪森举行视频会，表示将与东盟和柬埔寨合作，积极推动落实东盟"五点共识"，确保缅甸局势不会恶化。[2] 1 月 28 日，诺琳·海泽和布拉索昆一同向联合国安理会汇报缅甸局势。这说明东盟和联合国在协同解决缅甸问题上有较大进展。

然而，缅甸与东盟的互动仍持续存在问题。因为多国外交部长无法出席，柬埔寨宣布原定于 2022 年 1 月 18 日至 19 日在暹粒举行的东盟外长会延期，外界有人猜测，其中原因之一可能是东盟一些国家对柬埔寨邀请缅甸外交部长参会的安排存在分歧。[3] 2 月 17 日，

---

① "Press Release," *The Global New Light of Myanmar*, January 30, 2022, p.3. 关于民盟是否会被解散的说法不一，因为缅甸联邦选举委员会官员 2021 年 5 月 21 日表示，民盟在大选中舞弊，将解散民盟。

② Ry Sochan, "Hun Sen Meets with UN Envoy Heyzer on Myanmar," *Phnom Penh Post*, January 13, 2022, accessed March 12, 2022, https://www.phnompenhpost.com/national-politics/hun-sen-meets-un-envoy-heyzer-myanmar.

③ 林煇智：《柬埔寨展延亚细安外长实体会议 疑因各国对缅甸问题存在严重分歧》，联合早报网，2021 年 1 月 14 日，https://www.zaobao.com/news/sea/story20220114-1232770，访问日期：2022 年 3 月 8 日。

东盟召开外长会讨论缅甸局势、向其提供人道主义援助等问题，认为缅甸国家管理委员会在落实东盟"五点共识"方面进展不大，不邀请缅甸外交部长，只邀请缅甸非政治代表参会。最终，缅方没有派出代表出席此次会议。① 此外，菲律宾于 2 月表示，目前不会和缅甸在《区域全面经济伙伴关系协定》框架内进行合作谈判，也给缅甸对外经济合作蒙上阴影。②

东盟缅甸问题特使布拉索昆、东盟秘书长林玉辉等人 3 月 21—23 日访问缅甸。在东盟特使行前，柬埔寨方称缅甸军方不会允许东盟特使会见昂山素季，但同意让东盟特使会见民盟成员。东盟特使访缅前曾经计划会见缅甸前第一夫人、民盟前议员杜素素伦（Daw Su Su Lwin）。③ 特使访缅时会晤了敏昂莱、人民党代表等人士，与敏昂莱讨论了落实东盟"五点共识"等相关事宜。④ 布拉索昆向敏昂莱提出倡议：由东盟秘书长协调和监督东盟"五点共识"落实情况，

① 《柬外交部：未落实五点共识 亚细安不邀缅外交部长出席会议》，联合早报网，2022 年 2 月 4 日，https://www.zaobao.com/news/sea/story20220204-1239198，访问日期：2022 年 3 月 12 日。

② 《缅甸加入 RCEP 悬了？多国反对缅甸参与》，《金凤凰》中文报，2022 年 2 月 21 日，http://www.mmgpmedia.com/static/content/YW/2022-02-21/945381077852229632.html，访问日期：2022 年 3 月 12 日。

③ "ASEAN Special Envoy Will Not Meet Suu Kyi During Myanmar Visit," *The Irrawaddy*, March 21, 2022, accessed April 12, 2022, https://www.irrawaddy.com/news/burma/asean-special-envoy-will-not-meet-suu-kyi-during-myanmar-visit.html.

④ "အာဆီယံအထူးကိုယ်စားလှယ် စစ်ခေါင်းဆောင်နှင့် တွေ့ဆုံဆွေးနွေး၊ သပိတ်အင်အားစုများ ကန့်ကွက်," *Democratic Voice of Burm*, March 21, 2022, accessed April 12, 2022, http://burmese.dvb.no/archives/523374.

建立人道主义援助走廊，等等。[1] 他还敦促敏昂莱释放缅甸其他一些被扣押的政治人物和昂山素季经济顾问、澳大利亚人肖恩·特内尔（Sean Turnell）。[2]

但是，杜素素伦由于身体原因取消会见布拉索昆的计划。也有分析人士认为，布拉索昆是缅甸国家管理委员会的客人，如果杜素素伦会见布拉索昆，会导致民盟内部产生矛盾。[3] 布拉索昆因为一些原因在缅甸也未会晤昂山素季、民盟人士和"民地武"组织的代表，可见东盟特使访缅想要见到涉及缅甸和解事务的所有利益攸关方，难度很大。此访取得一些建设性成果，有助于推动缅甸各方和解，但事实也再度说明东盟斡旋存在挑战。此外，缅甸一些反军方的强硬人士仍不断开展暴力活动，破坏和解进程，增加东盟推动缅甸和解的难度。

四、双方关系未来展望

未来缅甸与东盟关系存在持续改善的可能性。缅甸急需改善与东盟的关系来缓解外交困境，分享《区域全面经济伙伴关系协定》

---

① Riyaz ul Khaliq, "Myanmar Visit Didn't Achieve Its Goals: ASEAN Special Envoy," *Anadolu Agency*, March 23, 2022, accessed April 12, 2022, https://www.aa.com.tr/en/asia-pacific/myanmar-visit-didn-t-achieve-its-goals-asean-special-envoy/2543710.
②《民盟领导人提控案结束前 缅甸军政府不允许亚细安特使见翁山淑枝》，联合早报网，2022年3月24日，https://www.zaobao.com/news/sea/story20220324-1255390，访问日期：2022年4月12日。
③ "Former Myanmar First Lady Refuses to Meet ASEAN Envoy," *The Irrawaddy*, March 23, 2022, accessed April 12, 2022, https://www.irrawaddy.com/news/burma/former-myanmar-first-lady-refuses-to-meet-asean-envoy.html.

2022 年生效后的发展红利来缓解经济困境，东盟也急需消除缅甸问题困扰，双方在落实东盟"五点共识"方面的合作有望增多。加之，东盟轮值主席国柬埔寨在国家实现和平与和解方面具有丰富经验，知晓为缅甸各方参与和平谈判创造良好氛围的重要性，相关斡旋举措也较为务实。东盟缅甸问题特使未来仍会访问缅甸，继续推动缅甸国内和解工作。此外，东盟缅甸问题特使与联合国缅甸问题特使会持续加大在推动缅甸局势缓和与和解方面的协调合作力度。东盟和联合国持续加大斡旋与施压力度，有望促使缅甸各方更多配合东盟和联合国的斡旋工作。布拉索昆和诺琳·海泽未来访缅时或能见到缅甸更多人士，不排除见到民盟温和派高层、"民地武"组织代表甚至昂山素季的可能性，将有助于推动缅甸各方实现和平与和解。而缅甸和解进程如果能持续取得进展，则会有利于缅甸改善与东盟及其多个成员国的关系，摆脱外交困境。

当然，缅甸局势十分复杂，而且缅甸对外部干预其内政十分敏感，因此，缅甸实现国家和解与和平尚需时日，和解进程也难免出现波折，需要缅甸国内外利益攸关方有足够的耐心和恒心。未来缅甸与东盟关系改善仍将受以下因素影响：缅甸的和解进展能否获得东盟认可，双方在缅甸何种级别官员参加东盟外长会、东盟峰会等问题上能否达成妥协，缅甸问题是否会持续影响东盟团结合作及其与美国等西方国家和组织的关系。

昂山素季和缅甸军方的矛盾很深，而影响缅甸和解的核心问题是军方与昂山素季等力量能否开展有建设性的、能产生实质效果的对话。东盟缅甸问题特使未来能否会晤昂山素季，对于缅甸和解进程至关重要，对于缅甸与东盟关系的改善也非常重要，这个问题比较复杂，前景不明。东盟缅甸问题特使布拉索昆 2022 年 3 月下旬访缅时曾要求与昂山素季见面，但敏昂莱称昂山素季在其涉及的案件结束法院审讯前不能与东盟特使见面，未来他将考虑允许东盟特使会见昂山素季和其他人士的请求。① 此外，4 月中旬有媒体报道，有消息人士转述称，昂山素季呼吁缅甸人要团结，开诚布公展开对话，大家观点不同，应该耐心讨论。但消息人士又表示，昂山素季并非呼吁缅甸人民和国家管理委员会对话。②

　　总而言之，缅甸实现完全和解的难度虽大，但东盟作为东南亚地区最重要的组织，其持续斡旋在未来仍将对缅甸局势降温与国内和解发挥重要作用。只要东盟与联合国等相关国际组织或国家持续与缅甸各方保持接触，进行斡旋，局势就有逐步降温的可能性。缅甸实现和解需要时间，需要东盟轮值主席国以及其他相关国家和组织的持续努力。

① 《民盟领导人提控案结束前 缅甸军政府不允许亚细安特使见翁山淑枝》，联合早报网，2022 年 3 月 24 日，https://www.zaobao.com/news/sea/story20220324-1255390，访问日期：2022 年 4 月 12 日。

② 《消息人士转述罕见发言 翁山淑枝吁缅甸人民团结》，联合早报网，2022 年 4 月 19 日，https://www.zaobao.com/news/sea/story20220419-1264097，访问日期：2022 年 4 月 20 日。

疫情背景下中日两国对缅甸抗疫援助的比较研究

马孟启 [①]

【摘　要】新冠肺炎疫情发生以来，抗疫援助成为各国对外援助的重要组成部分。中日两国是为缅甸提供抗疫援助的主要国家。中日两国对缅甸的抗疫援助存在明显差异，且各具特点。中国对缅甸的抗疫援助以无偿援助为主，日本以有偿援助为主；中国对缅甸的技术援助以派遣抗疫医疗专家组为主，日本以援助医疗器械为主；中国向缅甸援助了大量新冠疫苗，日本没有向缅甸援助疫苗。中国对缅甸的抗疫援助以直接援助、多方位援助等为特征；日本则以间接援助、少量而精准援助等为特点。中日两国对缅甸的抗疫援助之所以显示出如此不同的特点，其主要原因在于两国基于不同的援助政策和对缅外交政策。

【关键词】抗疫援助；中缅关系；日缅关系；"人类命运共同体"理念；"自由开放的印太战略"

抗疫援助是相关国家或国际组织专门为抗击新冠肺炎疫情而向其他国家或国际组织提供的援助。抗疫援助涉及医疗物资援助、无偿资金援助、技术援助、低息贷款援助以及新冠疫苗援助等。

面对这场突如其来的新冠肺炎疫情，世界多国积极参与了抗疫援助。中日两国作为对外援助的主要国家，已为世界各国的抗疫事

---

① 马孟启，外交学院国际关系研究所 2019 级博士研究生。

业做出了巨大贡献。新冠肺炎疫情发生后，中国开展了新中国历史上规模最大的全球紧急人道主义援助行动，向 160 多个国家和国际组织提供了紧急抗疫物资援助。① 在新冠疫苗研发成功之后，中国第一时间向各国提供新冠疫苗援助并开展多种形式的新冠疫苗研发及生产合作。截至 2021 年 8 月 5 日，中国已经并正在向 100 多个国家捐赠新冠疫苗，同时向 60 多个国家出口新冠疫苗，总量已超过 7.7 亿剂，居全球首位。② 习近平总书记表示，2021 年全年，中国将努力向全球提供 20 亿剂新冠疫苗，并向"新冠疫苗实施计划"（COVAX）捐赠 1 亿美元，用于向发展中国家分配新冠疫苗。③ 可见，中国抗疫援助的规模之大。作为对外援助大国，日本也向世界多国提供了抗疫援助。日本外务省 2022 年 2 月的统计数据显示，新冠肺炎疫情暴发以来，日本通过双边援助及国际组织援助等途径，已提供了约 4300 亿日元（约合 39 亿美元）的抗疫援助；自 2020 年起，为了加强发展中国家的医疗卫生保健体系及支援相关经济活动等，日本在两年内提供了最多 7000 亿日元的紧急贷款援助。④ 在新冠疫苗援助方面，日本也做出了较大的贡献。例如，2021 年 6 月，日本在已向"新冠疫苗实施计划"出资 2 亿美元的基础上，承诺继续追

---

① 《王毅出席"中国国际发展合作成就展"开幕式》，外交部网站，2021 年 4 月 26 日，https://www.fmprc.gov.cn/web/wjbz_673089/xghd_673097/t1871698.shtml。

② 《王毅主持新冠疫苗合作国际论坛首次会议》，外交部网站，2021 年 8 月 5 日，https://www.fmprc.gov.cn/web/wjbz_673089/xghd_673097/t1897720.shtml。

③ 《习近平向新冠疫苗合作国际论坛首次会议发表书面致辞》，《人民日报》2021 年 8 月 6 日，第 1 版。

④ 日本外務省「日本の新型コロナウイルス感染症対策の支援」、https://www.mofa.go.jp/mofaj/files/100101478.pdf。

加 8 亿美元。^① 除支持"新冠疫苗实施计划"外，日本也已向多国直接援助了新冠疫苗。相关统计显示，截至 2021 年 9 月 1 日，日本已向部分亚洲、大洋洲国家及地区累计提供了约 2300 万剂疫苗。^②

缅甸作为东南亚的重要国家之一，有着极其重要的地缘政治经济意义。^③ 中日两国一直都将缅甸视为重要的合作伙伴。对中国来说，缅甸是连接"丝绸之路经济带"与"21 世纪海上丝绸之路"的关键节点国家，也是中国重要的周边邻国。^④ 2020 年 1 月，习近平总书记在访问缅甸期间，与缅甸领导人共同宣布打造中缅命运共同体，推动中缅关系进入新时代。^⑤ 对日本来说，缅甸位于中印两大国之间，战略位置更是十分重要。^⑥ 在此背景下，面对缅甸疫情的反复暴发，中日两国都纷纷向缅甸伸出援手，分别通过多种援助形式向缅甸提供抗疫援助。中日对缅甸的抗疫援助在两国不同的援助政策和对缅外交政策背景下，显示出不同的类型和特点。

① 日本外务省「日本によるワクチン関连支援・COVAX ファシリティへの财政支援」，https://www.mofa.go.jp/mofaj/files/100221711.pdf。

② 日本外务省「日本によるワクチン関连支援・国内で制造したワクチンの供与」，https://www.mofa.go.jp/mofaj/files/100221711.pdf。

③ 卢光盛：《缅甸政治经济转型对中国在缅甸投资的影响与对策研究》，社会科学文献出版社，2016，第 1 页。

④ 张颖：《中缅命运共同体及其示范意义》，《当代世界》2020 年第 5 期，第 60—64 页。

⑤《中华人民共和国和缅甸联邦共和国联合声明（全文）》，中国政府网，2020 年 1 月 18 日，http://www.gov.cn/xinwen/2020-01/18/content_5470512.htm。

⑥ 毕世鸿、田庆立：《日本对缅甸的"价值观外交"及其与民盟政府关系初探》，《东南亚研究》2016 年第 4 期，第 50—58 页。

一、缅甸疫情发展情况

自 2020 年 1 月至 3 月，东南亚 11 个国家全部出现确诊病例。2020 年 1 月 13 日，泰国宣布确诊了 1 例新冠肺炎输入型病例，成为第一个发现确诊病例的东南亚国家。[①] 之后，新加坡、越南、柬埔寨、马来西亚、菲律宾、印度尼西亚、文莱、东帝汶、缅甸、老挝等国均在 1 月末至 3 月末出现确诊病例。2020 年 3 月 23 日晚，缅甸首次发现 2 例新冠肺炎确诊病例。[②] 从出现确诊病例至今，包括缅甸在内的东南亚各国已暴发多轮疫情。截至 2022 年 2 月，缅甸正面临第四轮疫情的冲击，在此之前也已经历了三轮疫情。

总体来看，缅甸自首次出现确诊至今的四轮疫情，每一轮疫情都呈现出比上一轮疫情更严重的趋势。自 2020 年 3 月缅甸国内发现新冠肺炎确诊病例后，一直连续不断地出现新增确诊病例，但其确诊病例人数总体增长较慢，到 2020 年 8 月 16 日，仅累计确诊 375 例，说明缅甸第一轮疫情总体稳定可控，但从 2020 年 8 月中旬开始，缅甸暴发了第二轮新冠肺炎疫情，且形势急剧恶化。[③] 缅甸第二轮疫情最后于 2021 年 2—3 月逐渐结束。但 2021 年 6 月下旬开始暴发的第三轮新冠肺炎疫情来势凶猛且蔓延迅速，至 7 月中旬，缅甸新冠肺炎检测确诊率一度超过 40%。在缅甸政府采取一系列的紧急应对措

---

① Supakit Sirilak, "Thailand's Experience in the Covid-19 Response," August 2020, p.7, https://ddc.moph.go.th/viralpneumonia/eng/file/pub_doc/LDoc9.pdf.

②《驻缅甸大使陈海接受〈环球时报〉专访》，中国驻缅甸大使馆网站，2020 年 3 月 25 日，http://mm.china-embassy.org/chn/xwdt/t1760746.htm.

③ 李晨阳：《第二波新冠肺炎疫情暴发后的缅甸》，《世界知识》2020 年第 20 期，第 73 页。

施后，缅甸全国新冠肺炎检测确诊率在 11 月降至 4% 左右。2021 年 11 月中旬，缅甸卫生部门宣布第三轮疫情结束。[①] 自 2022 年 2 月初开始，缅甸出现了第四轮疫情。据缅甸卫生部当地时间 2 月 9 日晚发布的消息，在当天检测的 23 738 个样本中，发现新冠肺炎确诊病例 1043 例。目前，缅甸的 7 省 7 邦已全部出现疫情，其中仰光省成为目前确诊病例最多地区。仰光省、实皆省都已出现奥密克戎病毒的本地传播病例。[②] 相关统计数据显示，截至 2022 年 2 月 28 日，缅甸全国累计确诊病例已达 586 198 例，累计死亡 19 365 例。[③]

连续暴发多轮的新冠肺炎疫情对缅甸国内社会造成了巨大的消极影响。一方面，新冠肺炎疫情导致缅甸的经济下跌。根据世界银行缅甸经济监测报告，流行病（新冠肺炎）和相关的防控措施削弱了缅甸的消费和投资，扰乱了企业的运营，同时也减少了劳动力和投入的供应。[④] 另外，国际货币基金组织相关统计数据显示，缅甸在 2019 年疫情出现之前的实际 GDP 增长率为 6.8%，出现疫情之后，2020 年缅甸实际 GDP 增长率为 3.2%，2021 年实际 GDP 增长率则

———————

① 《缅甸宣布第三波疫情结束》，《光明日报》2021 年 11 月 18 日，第 15 版。

② 《缅甸出现第四轮疫情，连续两天单日新增确诊病例破千》，光明网，2022 年 2 月 10 日，https://m.gmw.cn/baijia/2022-02/10/1302798046.html。

③ Confirmed cases of Myanmar, Johns Hopkins University & Medicine, February 28, 2022, https://coronavirus.jhu.edu/region/myanmar.

④ World Bank, *Myanmar's Economy Hit Hard by Second Wave of COVID-19: Report*, December 15, 2020, https://www.worldbank.org/en/news/press-release/2020/12/15/myanmars-economy-hit-hard-by-second-wave-of-covid-19-report.

为 -17.9%，该机构预测 2022 年缅甸实际 GDP 增长率约为 -0.1%。^①
由此可见，新冠肺炎疫情对缅甸的经济造成了巨大的冲击。缅甸实
际 GDP 增长率参见图 1。

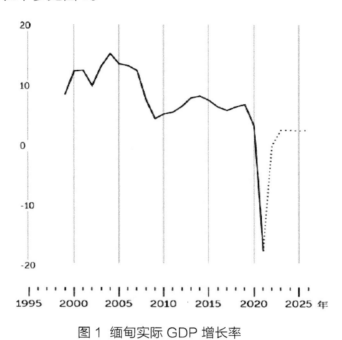

图 1 缅甸实际 GDP 增长率

资料来源：IMF, "Myanmar, Real GDP Growth (Annual Percent Change)," https://www.imf.
org/en/Countries/MMR#countrydata.

　　另一方面，新冠肺炎疫情进一步加剧了缅甸的社会危机，导
致缅甸贫困率大幅提升，引起缅甸社会动荡。根据联合国相关部门
预计，到 2022 年，缅甸动荡将导致近一半人口陷入贫困，抵消自
2005 年以来取得的发展成就，缅甸的 15 个地区（包括 7 个省、7 个

① IMF，Myanmar，Real GDP growth (Annual percent change)，https://www.imf.org/en/
Countries/MMR#countrydata.

邦和 1 个联邦区）中有 14 个处于急性营养不良的临界线，2022 年预计有 1440 万人需要某种形式的援助，约占缅甸总人口的四分之一。① 因此，面对如此严重的新冠肺炎疫情以及社会危机，缅甸亟须相关援助以摆脱困境。

二、中日两国对缅甸抗疫援助的类型比较

面对缅甸疫情暴发的严峻形势，中日两国分别向缅甸提供了不同类型的抗疫援助，如无偿抗疫援助、抗疫技术援助和有偿抗疫援助等。中日两国尽管都向缅甸提供了各种类型的抗疫援助，但在具体的援助类型方面，两国存在一定的差异。

（一）无偿抗疫援助

中国对缅甸的抗疫援助以无偿抗疫援助为主，无偿抗疫援助主要为医疗物资援助和新冠疫苗援助。日本对缅甸的无偿抗疫援助主要为医疗物资援助和无偿资金援助，截至 2022 年 3 月 1 日，日本未向缅甸提供新冠疫苗援助。

1. 中国对缅甸的无偿抗疫援助

中国对缅甸的医疗物资援助主要包括中国（中央）政府医疗物资援助、中国地方政府医疗物资援助以及中资企业医疗物资援助。

中国（中央）政府的医疗物资援助开始时间最早、数额最大，仅在 2020 年 7 月之前就已向缅甸提供了四批大规模医疗物资援助。

①《缅甸人民在新的一年将面临"前所未有"的危机》，联合国网站，2021 年 12 月 31 日，https://news.un.org/zh/story/2021/12/1096892。

2020 年 3 月 24 日，中国驻缅甸大使陈海表示，此前（3 月 17 日）中国政府已向缅方交付了 2000 多份新冠病毒核酸检测试剂盒、实验室试剂、电子体温计、消毒湿巾等抗疫物资。^① 此系中国政府向缅甸提供的首批援助物资。3 月 26 日，中国政府援助缅甸第二批医疗物资运抵仰光，该批医疗物资包括 5000 套医用防护服、5000 个医用 N95 口罩和 20 万个防护口罩等，共计 2.45 吨。^② 5 月 13 日，中国政府援助缅甸第三批医疗物资抵达缅甸，本批物资包括 15 万人份新冠病毒核酸检测试剂和 1.8 万件防护服。^③ 6 月 8 日，中国政府对缅甸进行第四批抗疫医疗物资援助，援助物资包括 140 万只一次性口罩、3 万只 N95 口罩、3 万副护目镜和 1.8 万套防护服。^④ 可见，中国（中央）政府的医疗物资援助规模之大、数量之多。

除中国（中央）政府外，中国地方政府也积极参与了对缅甸的抗疫援助。2020 年 5 月 15 日，上海市向仰光省援助医疗物资，捐赠物资包括 3000 只 N95 口罩、20 000 只 KN95 口罩和 750 件防护服。此外，广西壮族自治区人民政府向缅甸卫生与体育部捐赠了 5 万个医用外科口罩、1000 套防护服、500 套隔离衣、500 只测温仪，同

①《驻缅甸大使陈海接受〈环球时报〉专访》，中国驻缅甸大使馆网站，2020 年 3 月 25 日，http://mm.china-embassy.org/chn/xwdt/t1760746.htm。

②《中国政府援助缅甸第二批医疗物资运抵仰光交付缅方》，中国驻缅甸大使馆网站，2020 年 3 月 27 日，http://mm.china-embassy.org/chn/xwdt/t1762222.htm。

③《中国政府向缅方提供第三批医疗物资援助》，中国驻缅甸大使馆网站，2020 年 5 月 13 日，http://mm.china-embassy.org/chn/xwdt/t1778621.htm。

④《中国政府援助缅甸第四批抗疫物资交付缅方》，中国驻缅甸大使馆网站，2020 年 6 月 8 日，http://mm.china-embassy.org/chn/xwdt/t1786968.htm。

时还向仰光省政府捐赠了 500 套防护服。① 11 月 16 日，云南省政府向仰光省捐赠了呼吸机、防护服、口罩等价值 400 万元人民币的抗疫物资。② 2021 年 8 月 5 日，云南省临沧市人民政府向缅甸捐赠了 160 台制氧机、7200 盒连花清瘟胶囊和 32.5 万只医用口罩等防疫物资，以缓解缅甸医疗物资紧缺状况。③ 2021 年 12 月 30 日，云南省人民对外友好协会向仰光省政府捐赠了 54 台制氧机、15 台呼吸机、21 台心电监护仪和 100 台指夹式脉搏血氧仪，总价值约 68 万元人民币。④ 在中国地方政府援助中，地理位置距离缅甸较近的云南和广西等省区是援助缅甸的主力军。

中资企业也参与了对缅甸的抗疫援助。2020 年 4 月 7 日，中国建筑缅甸公司、海能达通信股份有限公司分别向缅甸投资委员会、投资与公司管理局、内政部等部门捐赠口罩、洗手液等防疫物资。同日，中国南方电网公司缅甸代表处在内比都向缅甸电力能源部捐赠了口罩、手持红外测温仪等防疫物资。⑤ 4 月 8 日，中国工商银行向缅甸卫生体育部捐赠医疗物资交接仪式在中国驻缅甸使馆举行。

① 《上海市等向缅方提供医疗物资援助》，中国驻缅甸大使馆网站，2020 年 5 月 15 日，http://mm.china-embassy.org/chn/xwdt/t1779548.htm。

② 《云南省政府向仰光省政府捐赠抗疫物资》，中国驻缅甸大使馆网站，2020 年 11 月 16 日，http://mm.china-embassy.org/chn/xwdt/t1832634.htm。

③ 《云南省临沧市向缅甸捐赠抗疫物资》，中国驻缅甸大使馆网站，2021 年 8 月 5 日，http://mm.china-embassy.org/sgxw/202108/t20210805_8906487.htm。

④ 《中国云南省人民对外友好协会向缅甸仰光省政府捐赠物资》，中国驻缅甸大使馆网站，2021 年 12 月 30 日，http://mm.china-embassy.org/sgxw/202112/t20211230_10477538.htm。

⑤ 《中资企业向缅甸投资委员会、内政部等部门等捐赠防疫物资》，中国驻缅甸大使馆网站，2020 年 4 月 8 日，http://mm.china-embassy.org/chn/xwdt/t1767250.htm。

同日，深圳工业园集团、国电投云南国际公司、中国通用技术公司、万宝铜矿公司和扬子铜矿公司分别向仰光省政府、缅甸交通通信部铁路局、缅甸卫生体育部等部门捐赠口罩、防护服、红外测温仪等防疫物资。① 仅 2020 年 4 月就有十几家中资企业向缅甸相关部门提供抗疫援助。截至 2022 年 3 月 1 日，仍有多家中资企业继续提供抗疫援助。

中国对缅甸的新冠疫苗无偿援助主要由中国政府及中国军方等负责。2021 年 5 月 2 日，中国政府援助缅甸首批 50 万剂新冠肺炎疫苗运抵缅甸仰光。② 此后，中国多次向缅甸提供疫苗援助。2021 年 12 月 22 日，中国政府援助缅甸最新一批 100 万剂新冠肺炎疫苗运抵仰光国际机场。中国驻缅甸大使陈海在致辞中表示，这是中国新一批援缅 200 万剂新冠疫苗中的首批，另外 100 万剂疫苗将于 2022 年初由云南省通过中缅边境口岸交付缅方。届时，中方援助缅甸的新冠疫苗总数将突破 1000 万剂。③ 中国是向缅甸提供无偿疫苗援助最多的国家。

2. 日本对缅甸的无偿抗疫援助

日本对缅甸的无偿援助主要为医疗物资援助和无偿资金援助。

---

① 《中资企业向缅甸卫生体育部、仰光省政府等部门捐赠防疫物资》，中国驻缅甸大使馆网站，2020 年 4 月 9 日，http://mm.china-embassy.org/chn/xwdt/t1767874.htm。

② 《中国援助缅甸 50 万剂新冠肺炎疫苗运抵仰光》，中国驻缅甸大使馆网站，2021 年 5 月 2 日，http://mm.china-embassy.org/sgxw/202105/t20210502_8906461.htm。

③ 《中国政府新一批援缅疫苗交接仪式在仰光举行》，中华人民共和国驻缅甸联邦共和国大使馆经济商务处网站，2021 年 12 月 22 日，http://mm.mofcom.gov.cn/article/jmxw/202112/20211203231352.shtml。

2020 年 5 月 23 日，日本政府向缅甸相关卫生部门免费提供了 100 人份（共 12 200 片）的法匹拉韦（日本科学家研发的一种抗病毒药物，可用于治疗新冠肺炎）。① 这是缅甸疫情发生后，日本向缅甸提供的第一批无偿抗疫援助。2020 年 6 月 5 日，日本与缅甸签署《经济社会开发计划》向缅甸无偿提供 20 亿日元援助。② 10 月 28 日，日本通过联合国项目事务署（UNOPS）向缅甸无偿援助价值 518 万美元的抗疫医疗器材，将分批次把医疗物资运抵缅甸。③ 相关统计资料显示，截至 2021 年 10 月 27 日，日本通过联合国项目事务署以及日缅两国之间签署的《经济社会开发计划》等渠道，已累计向缅甸提供无偿资金援助约 57 亿日元，相关无偿医疗物资援助主要包括 ICU 病床、制氧机以及救护车等。④

面对疫情，中国从人类共同命运的视角出发向缅甸提供了大规模的无偿抗疫援助。与中国相比，日本的无偿资金援助数额较少，相关无偿医疗物资援助也十分有限。

---

① 在ミャンマー日本国大使館「日本政府によるミャンマー政府へのアビガンの提供」、2020 年 5 月 25 日、https://www.mm.emb-japan.go.jp/profile/japanese/what-news/2020/what-new4.html。

② 日本外務省「ミャンマー連邦共和国に対する保健医療関連機材のための無償資金協力に関する書簡の交換」、2020 年 6 月 5 日、https://www.mofa.go.jp/mofaj/press/release/press4_008466.html。

③ 在ミャンマー日本国大使館、「日本政府によるミャンマー政府への医療機材の供与」、2020 年 10 月 28 日、https://www.mm.emb-japan.go.jp/profile/japanese/what-news/2020/what-new9.html。

④ 日本外務省「第 24 回日 ASEAN 首脳会議」、2021 年 10 月 27 日、https://www.mofa.go.jp/mofaj/area/asean/page3_003142.html。

（二）抗疫技术援助

中日两国对缅甸的抗疫技术援助各有侧重，中国以派遣抗疫医疗专家提供技术指导为主，并提供多种其他相关抗疫技术援助。日本则主要以援助医疗器械和相关设备为主。

1. 中国对缅甸的抗疫技术援助

缅甸疫情暴发后，中国第一时间向缅甸派遣医疗专家组，向缅甸分享防疫抗疫经验、培训当地医护人员及进行技术指导，并积极参与当地患者的救治工作。2020年4月8日，中国抗疫医疗专家组一行12人飞抵缅甸。中国驻缅甸大使陈海表示，中国政府派遣抗疫医疗专家组来缅协助缅方应对疫情，随机携带缅方急需的医疗物资，此次中国专家组千里驰援缅甸，体现了中缅深厚的胞波情谊，也诠释了中缅患难与共、守望相助的命运共同体精神。[1] 2020年4月22日上午，中国援缅抗疫医疗专家组一行12人圆满完成任务，乘飞机离开仰光回国。相关报道显示，截至2021年1月，中国已向缅甸成功派遣了3批医疗专家组。[2]

开展技术培训、援建相关抗疫医院和实验室、开展中缅合作生产新冠疫苗等也是中国对缅抗疫技术援助的重要组成部分。2021年1月10日，中国援缅疾控中心和医护人员培训中心项目开工仪式在内比都举行。该项目建成后将成为缅甸专业化和现代化水平最高的

---

[1]《驻缅甸大使陈海机场迎接赴缅医疗专家组》，中国驻缅甸大使馆网站，2020年4月8日，http://mm.china-embassy.org/chn/xwdt/t1767368.htm。

[2]《驻缅甸大使陈海在缅媒体发表署名文章〈胞波情谊谱新篇〉》，中国驻缅甸大使馆网站，2021年1月19日，http://mm.china-embassy.org/chn/xwdt/t1847145.htm。

疾控中心，将在科研、防疫、应急、人才培养等方面发挥重要作用。项目建设内容包含疾控楼、培训楼、行政办公楼、室外工程及配备实验室设备。中方还将提供为期 2 年的技术合作，为缅甸方面培训相关医护和技术人员。[①] 2021 年 7 月 26 日，云南省昆明市为援助缅甸曼德勒市抗击新冠肺炎疫情捐赠的方舱医院建设完毕，并正式投入使用。该方舱医院共有 204 个床位，昆明市援助了包括 64 台心电监护仪、12 套呼吸机、专用病床、病人洗漱包在内的医疗设备。[②] 2021 年 10 月 13 日，中国驻缅甸大使陈海表示，在中缅边贸最重要的木姐—瑞丽口岸 105 码货物集散中心修建的方舱医院已投入使用。[③] 此外，中国还在新冠疫苗生产技术方面开展与缅甸的务实合作。2022 年 3 月 23 日，国药集团中国生物同缅方合作生产的新冠疫苗正式投产，这对两国深化抗疫合作、推进医药卫生合作具有重要意义。[④]

2. 日本对缅甸的抗疫技术援助

与中国不同，日本向缅甸提供的抗疫技术援助主要以捐赠医疗器械和相关设备为主。2020 年 8 月 15 日，20 亿日元的《经济社会开发计划》（2020 年 6 月 5 日签署）第一批医疗器械和相关设备援助抵达仰光国际机场，第一批援助医疗设备包括 10 台 ICU 病床、10

---

① 《中国援缅甸疾控中心和医护人员培训中心项目举行开工仪式》，中国驻缅甸大使馆网站，2021 年 1 月 10 日，http://mm.china-embassy.org/sgxw/202101/t20210113_1386615.htm。
② 《中国援助缅甸方舱医院投入使用》，《人民日报》2021 年 7 月 27 日，第 17 版。
③ 《中国政府新一批援缅新冠肺炎疫苗运抵仰光》，中国驻缅甸大使馆网站，2021 年 10 月 13 日，http://mm.china-embassy.org/sgxw/202110/t20211013_9548566.htm。
④ 《中缅合作生产新冠疫苗在缅正式投产》，《人民日报》2022 年 3 月 24 日，第 3 版。

台注射泵和 10 台吸引泵。① 10 月 28 日，日本通过联合国项目事务署向缅甸无偿提供抗疫医疗器材。本次援助的医疗器材包括：PCR 检测机和 PCR 检测机用笔记本电脑。日本通过该项目还向缅甸移交了 PCR 检测试剂盒、检测试剂以及医用发电机等医疗物资及设备。② 12 月 22 日，20 亿日元的《经济社会开发计划》第二批医疗器械和相关设备援助抵达缅甸，本批援助的医疗器材包括 10 台移动式 X 射线机、100 台注射泵和 100 台吸引泵。③ 2021 年 1 月 25 日，日本向缅甸援助 10 台生物医疗废物处理器、3 台离心机和 4 台灭菌器。④ 2021 年 7 月 21 日，日本政府决定通过联合国项目事务署最大限度援助缅甸 700 台制氧机，以协助缅甸应对 2021 年 6 月以来的疫情恶化危机，同时日本还将向缅甸援助 14 辆救护车。⑤

中国通过直接向缅甸派遣抗疫医疗专家组及援建抗疫医院等形式，毫无保留地将中国抗疫的经验和技术同缅甸分享，充分展现了

① 在ミャンマー日本国大使館「日本政府によるミャンマー政府への医療機材の供与」、2020 年 8 月 15 日、https://www.mm.emb-japan.go.jp/profile/japanese/what-news/2020/what-new7.html。

② 在ミャンマー日本国大使館「日本政府によるミャンマー政府への医療機材の供与」、2020 年 10 月 28 日、https://www.mm.emb-japan.go.jp/profile/japanese/what-news/2020/what-new9.html。

③ 在ミャンマー日本国大使館「日本政府によるミャンマー政府への医療機材（X線装置等）の供与」、2020 年 12 月 22 日、https://www.mm.emb-japan.go.jp/profile/japanese/news/2020/new-252.html。

④ 在ミャンマー日本国大使館、「日本政府によるミャンマー政府への医療機材の供与」、2021 年 1 月 25 日、https://www.mm.emb-japan.go.jp/profile/japanese/news/2021/new-10.html。

⑤ 在ミャンマー日本国大使館「ミャンマーにおける新型コロナ感染拡大に対する酸素濃縮器の供与」、2021 年 7 月 21 日、https://www.mm.emb-japan.go.jp/profile/japanese/what-news/2021/what-news35.html。

中缅命运共同体的重要地位。日本向缅甸提供技术援助以捐赠医疗器械和相关设备为主，在一定程度上缓解了缅甸医疗资源紧张和技术落后的局面，同时也弥补了日本国内自身医护人员不足而无法向缅甸派遣医疗队的短板。但也应注意到，日本向缅甸援助相关医疗设备存在利用其自身医疗技术优势与中国在缅甸进行竞争的目的。同时，相关医疗设备维护费用较高、维修技术较难，进一步加深了缅甸在医疗卫生领域对日本的依赖。此外，整体来看，日本向缅甸提供的各类医疗器械和相关设备并不多。

（三）有偿抗疫援助

中国对缅甸的抗疫援助主要以无偿援助为主，因此有偿抗疫援助较少，有偿抗疫援助主要为新冠疫苗有偿援助。而日本对缅甸的有偿抗疫援助是日本对缅甸抗疫援助的主要组成部分，有偿抗疫援助的资金数额远远多于其对缅甸的无偿抗疫援助资金数额。日本对缅甸的有偿抗疫援助主要以低息日元贷款为主。

中国通过向缅甸提供新冠疫苗的形式对缅甸进行有偿抗疫援助。截至 2021 年 11 月 12 日，中国除无偿援助缅甸 890 万剂新冠疫苗外，同时也向缅甸有偿提供了近 3000 万剂新冠疫苗。[①] 截至 2021 年 12 月 22 日，中国向缅甸提供的新冠疫苗总数已达 4000 万剂，占缅甸所获疫苗的 90% 以上，为缅甸人民构筑免疫屏障提供了最有力

---

① 《中国政府新一批援缅新冠肺炎疫苗运抵仰光》，中国驻缅甸大使馆网站，2021 年 11 月 12 日，http://mm.china-embassy.org/sgxw/202111/t20211112_10447555.htm。

的支撑。[1]

截至 2022 年 2 月 28 日，在有偿抗疫援助方面，日本向缅甸提供了一笔用于抗疫的低息日元贷款。2020 年 8 月 24 日，日本时任外相茂木敏充访问缅甸，在与昂山素季举行会谈时，茂木敏充宣布日本将向缅甸提供应对新冠肺炎危机的紧急援助贷款及另外一笔用途的日元贷款，贷款限额 450 亿日元。其中，日本向缅甸提供用于抗疫的有偿援助为 300 亿日元。[2] 本次日元贷款的年利率为 0.01%，偿还期限为 40 年。[3] 日本向缅甸提供的 300 亿日元有偿抗疫援助远远高于其向缅甸提供的 57 亿日元无偿援助。日本向缅甸提供如此规模的有偿抗疫援助，有其长远的利益考量。日本的日元贷款涉及偿还利息和本金等相关事务，在一定程度上建立起日本与缅甸的长期联系。此外，日本未来也可以利用免除利息或直接免除全部本息等形式援助缅甸。

三、中日两国对缅甸抗疫援助的特点比较

中日两国都支持缅甸抗击新冠肺炎疫情，但是对缅甸的援助类型有所不同，各有特点。

---

① 《中国政府新一批援缅疫苗交接仪式在仰光举行》，中华人民共和国驻缅甸联邦共和国大使馆经济商务处网站，2021 年 12 月 22 日，http://mm.mofcom.gov.cn/article/jmxw/ 202112 / 20211203231352.shtml。

② 日本外務省「ミャンマー連邦共和国に対する円借款の供与（事前通報）」，2020 年 8 月 24 日、https://www.mofa.go.jp/mofaj/press/release/press4_008690.html。

③ 日本外務省「ミャンマー連邦共和国に対する円借款に関する書簡の交換」，2020 年 9 月 1 日、https://www.mofa.go.jp/mofaj/press/release/press4_008722.html。

（一）直接援助与间接援助

中国对缅甸的抗疫援助以直接援助为主，由中国官方或民间组织直接对缅甸进行物资援助或派遣专家进行技术援助。而日本对缅甸的抗疫援助以间接援助为主，多依靠国际组织或本国的非政府组织等进行抗疫援助。

对缅甸进行直接援助是中国向缅甸提供抗疫援助的主要特征。首先，中国政府以"中国援助"的官方名义向缅甸政府直接援助抗疫医疗物资和新冠疫苗。在抗疫物资运输和交接过程中，中国政府派专机直接将抗疫物资运抵缅甸机场。其次，中国政府组织并派遣抗疫医疗专家组对缅甸进行直接的抗疫技术援助。最后，中资企业直接调配相关物资对缅甸进行援助。由此可见，中国对缅甸的抗疫援助是直接援助。

日本主要通过国际组织或本国的援助组织向缅甸进行援助，间接援助是日本向缅甸提供抗疫援助的主要特征之一。缅甸疫情发生后，日本通过联合国相关组织等对缅甸进行间接援助。日本对缅甸的抗疫援助较少直接援助物资，而是利用签订双边项目等形式，分阶段推进对缅甸的援助工作。例如，日本与缅甸签订《经济社会开发计划》，以此推进援助项目，而不是将无偿援助的物资直接捐赠给缅甸。

可见，无论是官方还是民间，中国对缅甸的援助都是以直接援助的形式为主，援助过程中较少通过国际组织或其他专门的援助组织，极大地节省了时间，提高了援助缅甸的效率。同时，在直接援助的过程中也增加了中国与缅甸直接沟通与交流的机会，增进了双方之间的友好关系。而日本主要利用间接援助的形式对缅甸进行抗疫援助，一是因为日本对外援助的传统就是善于利用国际组织开展援助，二是其主要意图是淡化日本对缅甸援助的政治目的，同时也方便开展项目评估等工作。

（二）多方位援助与少量而精准的援助

通过比较中日两国对缅甸的多种援助类型可知，中国对缅甸的抗疫援助是多方位援助，而日本对缅甸的援助则是少量而精准的援助。

中国多方参与了对缅甸的抗疫援助工作。中国中央政府、中国地方政府、中国驻缅甸使领馆、中国共产党、中国企业、中国公益组织、中国军方、中国高校等都积极参与了对缅甸的抗疫援助工作。

此外，在援助缅甸过程中，中国既重视对缅甸官方部门的援助，又重视对其民间社会的援助；中国既重视对在缅侨胞以及在缅中国务工人员的援助，又重视对缅甸当地人民的援助，展现出中国援助的"一视同仁""不分你我"。

中国对缅甸抗疫的多方位援助还体现在援助类型和援助内容上。面对缅甸疫情，中国向缅甸提供了无偿抗疫援助、有偿抗疫援助以及抗疫技术援助，具体包括援助大批医疗物资、派遣抗疫医疗专家组、援建抗疫医院和方舱医院、开展疫苗生产合作、援助新冠疫苗等。中国援助涉及缅甸抗疫的各个方面，充分展现了中国多方位对缅抗疫援助的特点。

与中国对缅甸进行多方位的抗疫援助相比，日本对缅甸的抗疫援助则体现出少量且精准的特点。日本对缅甸的抗疫援助以有偿资金援助为主，主要为一笔300亿日元贷款，且有一定的偿还条件。日本对缅甸相关的无偿抗疫援助则仅为57亿日元。日本向缅甸援助的医疗器械和设备数量较少，基本为缅甸急需的医疗设备，体现了日本援助的精准性特征。尽管援助规模不大，但日本对缅甸的抗疫援助也取得了一定的政治和社会效果，这同时也与日本擅长宣传和及时开展项目评估工作等有关。

四、中日两国对缅甸抗疫援助呈现差异性的原因

中日两国对缅甸的抗疫援助之所以呈现出如此巨大的差异，既与中日两国的对外援助政策有关，同时也与中日两国的对缅外交政策有关。

（一）中日援助政策差异

中国对外援助政策的主要依据是《对外援助管理办法》。2014年11月，中国商务部颁布了《对外援助管理办法（试行）》（以下简称《试行办法》）。自此，中国的对外援助主要依据该《试行办法》开展。为适应新形势下对外援助的现实需要，2021年8月，中国国家国际发展合作署、外交部、商务部三部门联合正式公布了《对外援助管理办法》（以下简称《管理办法》），该办法自2021年10月1日起施行。商务部2014年颁布的《试行办法》同时废止。根据最新的《管理办法》，中国的对外援助致力于帮助受援方减轻与消除贫困，

改善受援方民生和生态环境，促进受援方经济发展和社会进步，增强受援方自主可持续发展能力，巩固和发展与受援方的友好合作关系，促进高质量共建"一带一路"，推动构建新型国际关系，推动构建人类命运共同体。[1]可见，中国的对外援助政策充分尊重受援方的意志，重点关注受援方的自主可持续发展能力。因而，中国在对缅甸进行抗疫援助的过程中，充分尊重缅方的意志，不仅提供缅方急需的抗疫物资，而且还通过派遣专家组、设立抗疫医院和方舱医院等形式将抗疫技术传授给缅甸，充分展现了中国对缅援助"授人以渔"的特点。

日本的对外援助主要以官方发展援助（ODA）为主，其主要援助政策的依据是《开发合作大纲》（2015年）。日本于1992年出台《官方发展援助大纲》，2003年对《官方发展援助大纲》进行修订。2015年，日本政府继续修改《官方发展援助大纲》，并改称为《开发合作大纲》。《开发合作大纲》强调非军事合作对和平与繁荣的贡献；促进人的安全保障；通过自助努力支援和基于日本经验及知识的对话与合作以促进（受援方）自力更生的发展。[2]日本认为这种发展合作不仅可以为国际社会的和平、稳定与繁荣做出更加积极的贡献，而且有助于保障日本的国家利益，包括维护日本的和平与安全，实现更大的繁荣，也可以创造一个稳定、透明和有前景的国际环境，以

① 国家国际发展合作署、外交部、商务部：《对外援助管理办法》，国家国际发展合作署网站，2021年8月31日，http://www.cidca.gov.cn/2021-08/31/c_1211351312.htm。

② 日本外务省『開発協力白書·日本の国際協力』（2020）、2021年6月4日、https://www.mofa.go.jp/mofaj/gaiko/oda/press/shiryo/page22_001366.html。

及维护和捍卫以普遍价值为基础的国际秩序。①《开发合作大纲》中强调，在亚洲，日本支持东盟地区硬、软两方面基础设施建设，包括加强联通性，以及缩小区域内和各国内部的差距，支持东盟共同体建设和东盟整体的全面可持续发展。②缅甸作为在东盟国家中具有重要影响力的国家之一，日本自然十分重视对缅甸的援助。

中国的《对外援助管理办法》与日本的《开发合作大纲》也存在一定的共同点。其一，两国都强调对外援助的目标是实现受援国的繁荣与发展；其二，两国都强调要实现受援国的"自主可持续发展"与"自力更生"。与中国不同的是，日本在对外援助政策中有意淡化"援助国—受援国"这一对关系，将实质的"援助关系"称为"开发合作关系"，将无偿资金援助以《经济社会开发计划》项目等形式推进，从形式上看实现了"援助国—受援国"的平等，这种形式是值得中国借鉴和学习的。与日本相比，中国的援助政策在处理"援助国—受援国"关系方面，将"受援国"的发展需求作为中国对外援助的主要出发点，因此其援助的目的性更加直接，援助效率更高，但在一定程度上也存在引起受援国民众不适的个别情况。

（二）中日对缅外交政策差异

中日两国在对缅抗疫援助中呈现如此差异，主要原因是两国不

---

① 日本外务省『開発協力大綱』(2015)、2015 年 11 月 2 日、https://www.mofa.go.jp/mofaj/gaiko/oda/seisaku/taikou_201502.html。

② 日本外务省『開発協力大綱』(2015)、2015 年 11 月 2 日、https://www.mofa.go.jp/mofaj/gaiko/oda/seisaku/taikou_201502.html。

同的对缅外交政策。

党的十八大以来，中国积极开展周边外交工作。在习近平新时代中国特色社会主义思想和习近平外交思想的指导下，中国始终秉持亲诚惠容的周边外交理念，与周边国家同呼吸、共命运。缅甸作为中国的重要邻国，积极发展中缅双边关系是做好中国周边外交工作的应有之义。2020 年 1 月，习近平总书记对缅甸进行国事访问，通过此次首脑会晤，中缅两国开启了中缅关系新时代，同时也共同决定推进构建中缅命运共同体。① 新冠肺炎疫情暴发后，中国政府深刻践行亲诚惠容的周边外交理念，站在人类共同命运的立场，以构建更加紧密的"中缅命运共同体"为目标，积极向缅甸提供各类抗疫援助和支持。

"自由开放的印太战略"是日本对缅外交政策的出发点和落脚点。2016 年，时任首相安倍晋三正式提出了"自由开放的印太战略"。在东南亚疫情暴发后，日本在向东南亚国家提供抗疫援助的同时，也积极协调"自由开放的印太战略"与东盟的"印太展望"的相关合作。缅甸作为东盟的重要国家之一，对日本来说具有重要的地缘政治地位和战略价值。日本对缅甸积极开展抗疫援助有为其推行"自由开放的印太战略"服务的目的，援助缅甸也是日本实现其"价值观外交"的重要抓手。在上述背景下，日本在对缅甸进行抗疫援助的过程中更加重视对缅甸的有偿资金援助和长期项目援助，希望通过抗疫援助建立起日缅两国的长期合作关系。

---

① 骆永昆：《习近平主席访缅推进命运共同体建设》，《光明日报》2020 年 1 月 17 日，第 9 版。

当然，中日两国对缅甸的抗疫援助之所以呈现出如此巨大的不同，除了两国的援助政策和对缅外交政策存在差异，也与中日两国与缅甸发展双边关系的历史传统、中日两国国内疫情发展情况等有一定的关系。

五、结论与启示

中国对缅甸的抗疫援助是从人类共同命运的角度对缅甸开展的大规模人道主义援助。中国始终坚持亲诚惠容的周边外交理念，以此作为对缅甸抗疫援助的指导思想，在《对外援助管理办法》出台后，持续开展对缅甸的大规模抗疫援助。而日本对缅甸的抗疫援助在其《开发合作大纲》的指导下，主要以实现其"自由开放的印太战略"为目的。因此，在不同的援助政策、外交政策背景影响下，中日两国对缅甸抗疫援助的类型不同且各有特点。

根据缅甸的实际情况，在缅甸全力抗疫时期，中国对缅甸的抗疫援助以无偿援助为主，不仅多方向缅甸提供大量无偿抗疫物资援助，中国政府和军方还向缅甸派出了多批抗疫医疗专家组，并向缅甸无偿援助了大批的新冠疫苗，展现出中国对缅甸抗疫援助的直接援助和多方位援助特征。与中国对缅甸的抗疫援助相比，日本对缅甸的抗疫援助以有偿援助为主，在缅甸疫情严重时期，日本向缅甸提供了一笔 300 亿日元的日元贷款。但综合来看，在缅甸疫情期间，日本对缅甸的有偿援助和无偿援助数额不多，且多通过各类援助组织进行间接援助，一定程度上适时地向缅甸提供了急需的医疗设备援助，显示出日本对缅抗疫援助的精准性特征。

比较中日两国对缅甸的抗疫援助也为今后中国发展对缅友好关系带来一定启示。一是在推进对缅抗疫援助工作过程中应继续充分关照缅甸的利益需求，充分尊重缅甸的主体地位，继续加强中缅传统友好关系，不断推动中缅命运共同体建设。二是在中日两国对缅甸的抗疫援助过程中，受中日援助类型差异化的影响，客观上形成了"中国出医疗专家，日本出医疗设备""中国援助物资，日本援助资金"的互补格局，这将为中日两国在缅甸的第三方市场合作提供新的契机。三是要积极着眼于后疫情时代的中缅合作。中国应着眼于缅甸后疫情时代的需求，抓住机会积极推进构建中缅的人类卫生健康共同体，切实落实"中国—东盟公共卫生合作倡议"，加强在传染病防控和医疗卫生人才培养等领域的交流与合作，并继续推进与缅甸合作的"一带一路"建设项目。

·历史文化·

19 世纪英国对克钦山区的入侵与统治 [①]

严赛 [②]

【摘　要】1824 年，英国在侵略缅甸的同时开始关注北部的克钦山区，通过英国军方官员、商界要员、专家学者的实地调查，英方对克钦人的认知经历了从语言到文化再到地域的改变，并最终对克钦山区进行了两个阶段的征服。第一阶段时间为 1886—1889 年，英军从南部八莫出发向北用武力征服了孟拱、密支那、孟密地区，第二阶段时间为 1890—1893 年，英方逐渐从武力征服过渡到了怀柔政策，英方认为最关键的是排除中国对这一地区的影响。于是，1894 年英国与中国就边境地区谈判签约，并在 1895 年出台《1895 年克钦山区部落条例》，最终确立了其在克钦山区的殖民统治权。

【关键词】克钦山区；缅甸；中国；英国

　　1885 年英国通过第三次英缅战争后，完全将缅甸纳入了自己的殖民体系。缅甸作为英属印度的一个独立省，接受着英国的管制。殖民者将缅甸划分为上、下缅甸，以及边境地区。早在 1853 年 7 月，马克思就对英缅战争作了评价：贫穷的贵族为了寻找某种职业的需

① 本文为国家社科基金一般项目"缅甸克钦'民族分离主义'研究（1947—2017）"（项目编号：18BMZ104）的阶段性成果。
② 严赛，中央民族大学历史文化学院讲师。

要，如一个英国作家所说的，创立"一个经常性的上流社会济贫院，或者是东方的汉普顿宫的必要"。① 在马克思看来，英缅战争的主要目的是安置闲散的英国没落贵族，因此，迅速拓展缅甸边境未开发和未涉入之地，即扩张安置场所也就成了英国在对缅战争后最迫切的需求。克钦山区属于缅甸边境地区，北与阿萨姆相邻、东与中国云南接壤，在中国的史籍中被称为"野人山"地区。② 从目前国内的研究来看，学界常常立足于清政府的立场，关注中英如何交涉并划定中缅边界，如吕一燃、秦和平、杨晓梅、朱昭华、陈维新等学者已有撰文。③ 学者们普遍从边界区域的争夺、中英外交交涉的角度，对出使英、法、意、比四国大臣的薛福成在与英国争取野人山区以及签订中英《续议滇缅界、商务条款》等问题上的外交能力给予肯定。从英方的角度主要探讨英国如何对中国云南进行考察和入侵，

---

① 马克思、恩格斯:《论殖民主义》，人民出版社，1962，第 68 页。

② 中国史籍中的野人山具有狭义与广义之分，狭义的野人山为腾越（今腾冲）西境群山，参见姚文栋:《云南勘界筹边记·野人山说》，载方国瑜主编《云南史料丛刊》卷九，云南大学出版社，1999，第 743 页。广义的野人山西至印度，北至我国西藏，东至我国云南，南至上缅甸以北，参见尹梓鉴:《春草堂文稿·野人山调查记》，载李根源辑《永昌府文征》（四），杨文虎、陆卫先校注，云南美术出版社，2004，第 3802 页。本文中英国侵占的克钦山区为广义的野人山，而清末薛福成等大臣关注的为狭义的野人山。——作者注

③ 关于薛福成参与中缅划界的问题，可参见吕一燃:《薛福成与中英滇缅界务交涉》，《中国边疆史地研究》1995 年第 2 期；秦和平:《艰难的历程——清末滇缅界务交涉之回顾》，《中国边疆史地研究》1995 年第 3 期；杨晓梅:《试论薛福成在争回野人山中国领土问题上的贡献》，《牡丹江师范学院学报（哲学社会科学版）》1998 年第 1 期；朱昭华:《薛福成与滇缅边界谈判再研究》，《中国边疆史地研究》2004 年第 1 期；陈维新:《薛福成与滇缅界务问题交涉——以总理各国事务衙门条约档案为例》，《中国边疆史地研究》2019 年第 3 期。

相关研究主要有吕昭义、杨梅、张媚玲等学者的著述。[1] 国内学界涉及 19 世纪英国如何入侵及统治克钦地区的研究依然甚少，[2] 实际上，关于克钦地区及该区域族群的大量资料早在 19 世纪伴随着英国对这一区域的调查与入侵就陆续有出版发表，而这一研究和讨论也从英国在缅甸结束殖民统治后一直持续到 20 世纪末。[3] 笔者有幸找到相关英文资料，希望将 19 世纪英国对克钦山区的入侵放在英国对印度、缅甸以及中国等亚洲国家整体的殖民入侵过程中，来重新探讨这段历史。

一、英国对克钦山区的调查与认知

英国对克钦山区的调查主要集中在 1824—1885 年这一阶段，也就是英国与缅甸间断性地进行三次战争期间。1824 年第一次英缅战争爆发，英国首先入侵了阿萨姆，并开始对阿萨姆相邻的地区进行远征和调查。克钦北部的新坡（Singpho，位于胡康河谷地区）、坎

---

① 关于英国入侵中国云南的考察和过程，可参见吕昭义：《英属印度与中国西南边疆 1744—1911》，中国社会科学出版社，1996；杨梅：《近代西方人在云南的探查活动》，云南大学出版社，2019；张媚玲、朱映占：《中国西南边疆危机与近代景颇 / 克钦研究述论》，《云南大学学报（社会科学版）》2017 年第 4 期。

② 关于英国对克钦地区的统治研究，可参见祝湘辉：《英国殖民初期缅甸山区行政制度研究》，《东南亚南亚研究》2010 年第 1 期。

③ 较有代表性的研究著述有 Edmund R. Leach, *Political Systems of Highland Burma* (Boston: Beacon Press, 1954); Maran La Raw, "Towards a Basis for Understanding the Minorities of Burma: The Kachin Example," in *Southeast Asian Tribes, Minorities, and Nations*, edited by P. Kunstadter, Vol.1(Princeton: Princeton University Press, 1967), pp. 125–146; David Nugent, "Closed Systems and Contradiction: The Kachin in and out of History," *Man* (New Series) 17, no. 3, (1982): 508–527; Wang Zhusheng, *The Jingpo: Kachin of the Yunnan Plateau*(Arizona: Arizona State University, Program for Southeast Asian Studies, 1997).

底弄（Hkamti Long，亦为 Kanti, Kansi, Khampti, Khamti 等，位于现克钦葡萄地区）也就最早成了英国军队进入的地区，他们主要的任务是对这一区域进行调研、考察，搜集当地的地理、族群、语言情报，以协助英国的殖民战争。在这一过程中，英国开始了对克钦族群的了解。

最早进入克钦地区的英国人为派往阿萨姆的陆军中尉威尔考克斯（Lieutenant R. Wilcox）及其下属军队。1824 年 10 月，随着第一次英缅战争的持续进行，威尔考克斯作为上尉贝德福德（Captain Bedford）的助手前来管理阿萨姆地区。他于 1825—1828 年多次从阿萨姆出发，向东南来到坎底弄。威尔考克斯的主要路线是萨地亚（Sadiya）、迪汉河（Dihing River）、达帕河（Dapha River）、丰根山（Phungan Mountain）、南朗河（Namlang River）。1832 年，威尔考克斯将他的经历写成了一份回忆录《1825—1828 年阿萨姆及其周边国家调查回忆录》，[①] 希望该回忆录能够成为英国人了解阿萨姆周边的中国、缅甸地理环境的重要材料。威尔考克斯的重要发现是，他在坎底弄看到了一个劳作的族群，由于他们的方言与新坡地区的语言很接近，就将该族群称为卡坡（Khaphok）人。威尔考克斯对卡坡人的记载具有开创性，他从语言的角度将使用相近语言的卡坡人和新坡人归为同一族群，并且用已知的新坡人来指代坎底弄的卡坡人，这是英国人对克钦族群的最早认知。英国人类学家利奇

---

① R. Wilcox, "Memoir of a Survey of Assam and the Neighbouring Countries, Executed in 1825-6-7-8," in *Selection of Papers Regarding the Hill Tracts between Assam and Burma and on the Upper Brahmaputra*(Calcutta: Bengal Secretariat Press, 1873), pp.1-82.

（Edmund R. Leach）也认为，此为英国人首次接触克钦人，"英国人大约在1824年首次与说景颇语和其他克钦语言的人有政治上的接触；这些人在当时被称为新坡人和卡库（Kakoo）人"。① 新坡被用来指代胡康河谷的居民，他们在当时被英国人认为是阿萨姆边境最强势的族群，原向阿萨姆朝贡，因为势力崛起慢慢向北扩展，并入侵阿萨姆，掳走上千阿萨姆人成为他们的奴隶，"新坡是阿萨姆地区新坡人的自称。它的意思是人，而这个词最早可能是一个他称，是文明程度较高的藏人对临近地区人的称呼，意为蛮人。而后来慢慢被新坡人所接受"。② 卡库则包括江心坡和孙布拉蚌（Sumprabum）地区的景颇人以及周边其他的族群，"卡库人"被看作新坡的一个分支，但等级较低。③ 正是因为新坡人在历史上对阿萨姆有过军事威胁，且在周边地区的族群中地位更高，因此，从1825年起，占领新坡人所在的地区以防止他们再次入侵阿萨姆便成为英国人的一个重要目标。

第一次英缅战争结束后，英国对缅甸北部的调查仍在继续。时任英国驻印度殖民官汉内上尉（Captain S. F. Hannay）率领第40团在该地区进一步搜集情报。他于1835—1836年从当时的缅甸首都阿瓦出发，沿着伊洛瓦底江一直向北到达了胡康谷地以及阿萨姆的东南地区，之后又来到了中缅边境的八莫、孟拱地区，希望弥补威尔考克斯中尉将考察区域局限于伊洛瓦底江以西的不足。英国人由此

---

① 埃德蒙·R. 利奇：《缅甸高地诸政治体系——对克钦社会结构的一项研究》，杨春宇、周歆红译，商务印书馆，2012，第51页。

② O. Hanson, "The Kachin Tribes and Dialects," *Journal of the Royal Asiatic Society* (New Series)39, no.2(1907): 381–394.

③ 埃德蒙·R. 利奇：《缅甸高地诸政治体系——对克钦社会结构的一项研究》，第51页。

了解到八莫是一个中缅之间重要的商贸点，以及如何从阿瓦到八莫地区的具体路径。正是由于这样的探索，居住在伊洛瓦底江以东区域的各种族群也被英国人发现。在一篇1837年发表的记录汉内远征调查的报告中，详细记录了汉内调查的路线、经历，其中出现了卡欠人（Kakhyen），"八莫居住着汉人、掸人和卡欠人，他们不是来进行贸易，就是来打工，当然还有阿萨姆人"。[①] 汉内的调查具有重要的意义。

首先，对克钦族群的认识有了进一步推进。威尔考克斯在伊洛瓦底江以西的北部坎底弄看到的新坡人或卡库人是一个以语言为主要衡量标准的划分，而汉内在伊洛瓦底江以东地区看到的卡欠人的划分范畴却与前者不同，是一个独立的概念，包括"缅甸东部的山地人，胡康河谷和阿萨姆地区的新坡人，以及迈立开江和恩梅开江谷地的各种卡库人"。[②] 汉内认为，这些地区的族群虽然分布在不同的山地，族群间却有普遍的文化相似性，因此，英国人对克钦的认知不再局限于语言，而是延伸到了更广大的文化范畴。利奇认为，汉内对卡欠人的划分，所依据的是山地各不同部落之间的普遍文化相似性，即使他们并不说同一种语言，也能划归在一种类型，且卡欠从1890年前后在拼写上变成了克钦（Kachin）。[③] 因此，汉内对卡欠人的认知一直影响着之后在此地区实地考察的英国团队，后来的

---

① R. Boileau Pemberton,"Abstract of the Journal of a Route Travelled by Capt. S.F. Hannay. of the 40th Regiment Native Infantry, from the Capital of Ava to the Amber Mines of the Húkong Valley on the South-East Frontier of Assam," p.92.

② 埃德蒙·R. 利奇：《缅甸高地诸政治体系——对克钦社会结构的一项研究》，第51页。

③ 埃德蒙·R. 利奇：《缅甸高地诸政治体系——对克钦社会结构的一项研究》，第50—51页。

英国考察团一直将这些文化相似的族群共同认为是卡欠人即克钦人。

其次，对该地域的社会经济状况有了进一步了解，特别是八莫这一城市，给汉内留下了极其深刻的印象：

"这应该是我在缅甸所见的除了仰光和阿瓦以外最大的城市。当我的船靠岸以后，一大群人过来围观，让我好像又踏上了文明的土地……这里的人住着又大又舒适的房子，靠近中国边境的崩龙人（Palongs）具有显著的工业化特征，他们善于染色、编织、冶炼……当地的中国首领送给我茶叶、糖、果干、蔬菜……"①

在汉内的笔下，八莫被描绘成一个高度繁荣和发展的城市，由此被认为是克钦地区连通中国云南以及缅甸阿瓦、阿萨姆的重要口岸，之后的考察团队几乎都要到达八莫。正是中缅族群在八莫和谐地交流交往，使得汉内迫切想要寻找一条道路，能够让英国的军队从阿瓦出发通过八莫，径直深入中国。他认为云南的汉人能够从当地出发在卡欠人所在的山区随意穿行，并利用太平江（Tapeng，中文史籍亦为大盈江）的交通优势自由贸易，但是从阿萨姆或者阿瓦向云南行进的道路信息却少之又少，这种不对等的信息情况造成了英方对克钦山区和中国滇西地区的了解甚少，同时也激起了他们对这一区域探索的渴望。

最后，与之同行的其他考察人员发表了一系列的著述，不仅为英国军方，亦为之后的考察调研团队提供了情报。汉内从阿萨姆途

---

① R. Boileau Pemberton,"Abstract of the Journal of a Route Travelled by Capt. S.F. Hannay, of the 40th Regiment Native Infantry, from the Capital of Ava to the Amber Mines of the Húkong Valley on the South-East Frontier of Assam," pp.83-109.

经孟拱返回阿瓦，在阿萨姆边境，他遇到了来此调查的植物学家格里菲斯（W. Griffith）、医学家贝菲尔德（G. T. Bayfield），三人一起返回阿瓦。在格里菲斯的报告《从上阿萨姆到胡康谷地、阿瓦和仰光的旅程》中记录了孟拱以及周边的琥珀矿（Amber Mine，中文史籍亦为琥珀厂）、玉石矿（Jade Mine，中文史籍亦为玉石厂）的一些情况，[①] 成为之后英国入侵玉石矿地区重要的情报来源。而贝菲尔德的报告《从阿瓦到阿萨姆边境来回旅程的记录》中明确被当时的殖民官要求重点关注这一地区的新坡人："请注意搜集当地的数据和有用的信息，特别是中缅统治地区贸易的内容、特点，缅甸新坡人和其他族群中阿萨姆人的数量、居住地区和土司的具体数量、同属阿瓦地区的其他部族、主要驿站、当地土官，不仅要防止他们对阿萨姆的侵犯，也要积极建立阿萨姆与缅甸之间的贸易联系……"[②]

经过汉内调查团的考察与游历，占领克钦地区的资源、了解当地族群，并且打开由阿瓦通往中国滇西地区的商路成了英人的第二个重要的目标。

此后的调研几乎都是围绕着八莫与中国滇西展开，并且意图开辟从阿瓦到八莫再到中国滇西的商路。如随军驻在达耶缪

---

① W. Griffith,"Journey from Upper Assam towards Hookhoom, Ava and Rangoon,"in *Selection of Papers Regarding the Hill Tracts between Assam and Burma and on the Upper Brahmaputra*(Calcutta: Bengal Secretariat Press, 1873),pp.125-133.
② G. T. Bayfield,"Narrative of a Journey from Ava to the Frontiers of Assam and Back, performed between December 1836 and May 1837, under the order of Lieutenant-Colonel Burney, Resident at Ava," in *Selection of Papers Regarding the Hill Tracts between Assam and Burma and on the Upper Brahmaputra*(Calcutta: Bengal Secretariat Press, 1873),p.134.

（Thayetmyo）的军医威廉斯（Clement Williams），后被调任最高专员代理住在阿瓦。他对从阿瓦前往八莫的路线非常感兴趣，于1863年从曼德勒出发，沿着伊洛瓦底江逆流而上经过大公（Tagoung）、密亚当（Myadoung）、杰沙（Katha）、萨乌德（Sawuddy）、八莫考察。威廉斯在八莫居住了4个月，回到阿瓦后他向英印政府提交了一份报告《从缅甸到中国西部：1863年关于建立伊洛瓦底江至扬子江商路可行性的旅行笔记》。威廉斯的报告主要分为三个部分：第一部分是威廉斯与印度政府的备忘录，其中的主要观点是他提议打通印度途经缅甸到达中国云南西部腾越的商路；第二部分是他的行程记录，详细记录了他居住于八莫，走访附近掸人住地、克钦山区、中国街区的经历，同时也以此来证明开通从上缅甸到达中国云南腾越商路的可行性；第三部分是对他所提出的"商路"的一个说明，以此来反驳其他的铁路计划。①

　　虽然威廉斯最后没有来到中国云南，但是英属印度外务部基本采纳了他的提议。之后批准了英属缅甸行政长官费奇（Albert E. Fytche）关于迅速开通八莫路，沟通从仰光经云南直达中国东海岸贸易渠道的报告，组织考察团任命驻曼德勒政务长官斯莱登（Edward B. Sladen）为负责人，其他成员包括工程师威廉斯（J. M. Williams）、戈登（Robert Gordon），时任印度加尔各答博物馆馆长安德森（John

---

① Clement Williams, *Through Burmah to Western China: Being Notes of a Journey in 1863 to Establish the Practicability of a Trade-route Between the Irawaddi and the Yang-Tse-Kiang* (Edinburgh and London: William Blackwood and Sons, 1863), Preface, pp.viii-ix. 此处 Irawaddi 即 Irrawaddy，指伊洛瓦底江。——作者注

Anderson），仰光和加尔各答工商会代表鲍尔斯（Alexander Bowers）等。[①] 考察团自 1868 年 1 月 6 日自仰光启程经过曼德勒，逆伊洛瓦底江而上，到达八莫。斯莱登考察团实现了 1863 年威廉斯未实现的侵略野心，他们向中国总理衙门提出入境中国的要求，得到批准，因此所有成员经过蛮允、盏达、南甸等地到达了腾越。在这个过程中，斯莱登极力拉拢克钦地区的山官，并获得了极大的帮助。斯莱登使团成员从腾越原路返回曼德勒，并且各自形成一份调研报告。其中，鲍尔斯的《八莫探险：关于重开滇缅商路可行性的报告》于 1869 年出版，报告中主要记录了八莫到腾越地区的地形、气候，特别是对克钦地区的族群有着详细的介绍。鲍尔斯的报告已将卡欠人和新坡人归为一个群体（Kakhen or Singpho），并认为崩龙人是其中的一个分支。傈傈人（Leesaw）也属于克钦群体，虽然人口不多，但是性情温和。[②] 此时的克钦认知已经从汉内的文化认知转变为更为宽泛的地域认知，即将克钦山区内所有族群都归并到克钦族群中。1871 年，一起参加斯莱登考察团的安德森博士出版了调研报告《八莫至滇西探险报告》，这部书更多地介绍了斯莱登考察团所考察的缅甸边境之地的历史背景，尤其是它与中国的关系。[③]

---

① Edward B. Sladen, *Official Narrative of and Papers Connected with the Expedition to Explore the Trade Routes to China Via Bhamo* (Rangoon: The British Burma Press, 1869), IOR/L/PS/20/D21. British Library.

② Alexander Bowers, *Bhamo Expedition: Report on the Practicability of Re-open the Trade Route, Between Burma and Western China* (Rangoon: American Mission Press, 1869), p.23.

③ John Anderson, *A Report on the Expedition to Western Yunnan via Bhamo* (Calcutta: Office of the Superintendent of Government Printing, 1871), Preface, pp.1-2.

随着斯莱登考察团顺利进入云南，英国人的野心又进一步扩大，希望与中国政府交涉开通缅甸到云南大理的商贸路线，这一路线比斯莱登考察团更加深入中国的云南内腹。1873 年 11 月，英国组建由陆军军官柏郎（Horace A. Browne）上校总负责的考察团，原计划从曼德勒出发经过木邦兴威（Hsenwi，亦为 Theinnee，今缅甸掸邦兴威）前往云南大理。但是在缅王的建议下，伯郎的考察团于 1874 年转道八莫进入云南腾越。[1] 同年，英国驻上海领事馆的马嘉理（Augustus Raymond Margary）奉命作为随团翻译从上海前往缅甸迎接柏郎考察团。马嘉理于 1875 年 1 月 11 日到达蛮允（Manwyen，今云南省盈江县芒允），并受到腾越镇分驻南甸左营都司、候补参将李珍国的设宴招待。次日，马嘉理前往八莫与柏郎会合，筹划返回中国境内，此后发生了著名的"马嘉理事件"（滇案），以清政府与英方签订《烟台条约》告终。[2] 马嘉理事件将英国的目的暴露无遗，之后，缅甸通往云南的道路开通，英国也由此获取了商业特权。1876 年，随斯莱登和伯郎两次考察云南西部的安德森又出版了另一部报告《从曼德勒到勐缅：1868 年和 1875 年在中国西部的两次探险》，将他两次从缅甸来到中国的考察情况进行了记录。根据安德森的记录，斯莱登和伯郎两考察团的行进路线与 1863 年威廉斯的基本

① Papers on the Hostility Encountered by the Yunnan Expedition from the Chinese Authorities in the Neighbourhood of Momein, Including: Diary of Crawford B. Cooke, Officiating Political Agent at Bhamo, November 1-30, 1874; Diary of Expedition to Western China, January 3-27, 1875. IOR/L/PS/7/2, Pol. No. 62. British Library.
② 方国瑜：《探路日记·概说》，载方国瑜主编《云南史料丛刊》卷九，云南大学出版社，1999，第 708—710 页。

一致，即曼德勒—大公—密亚当—杰沙—八莫—腾越。此时这一商路已经探寻畅通，但是安德森认为最不能够确定的是在这一路线上的克钦山区，也就是杰沙以北地区这一路段的稳定性，以及当地克钦人的态度是否友好。安德森认为，这是一个非常重要的族群，且他的记述将新坡人、卡库人、卡欠人、景颇人、野人都归为克钦一类，其中新坡人和卡库人居住在坎底弄，卡欠人是缅人对所有北部山区族群的称呼，景颇人和野人是他们的自称，后三者居住在太平江北部、南部的山区，南部最远到达大公，东部的山区与掸人、汉人混居，延伸至腾越。[①]安德森报告中克钦人的相关记述和认知对英国政府影响较大，英国在完全统治克钦地区之后也是按照地域范畴对克钦人进行划分。英国的最终目标是中国内陆腹地，而征服缅甸边境的克钦山区以及当地的族群则是通向这个最终目标的一个必要条件。

从英国军方官员、商界要员、专家学者的上述调研来看，对克钦山区的占领与统治是英方在入侵缅甸以后一个紧迫的举措，其主要原因归纳起来有如下三点。

第一，克钦山区北部的新坡人一直联合缅人向北扩张，抵抗英人对阿萨姆地区的侵占，而新坡与克钦同属一个族群，"1825 年，新坡人是阿萨姆山谷附近最强大的族群。他们进入阿萨姆地区，抢走

---

① John Anderson, *Mandalay to Momien: A Narrative of the Two Expeditions to Western China of 1868 and 1875 under Colonel Edward B. Sladen and Colonel Horace Browne* (London: Macmillan and Co., 1876), pp.125-126.

成百上千的阿萨姆人到自己的胡康谷地……"①因此，英国也极力希望消除这一地区的威胁。

第二，此地区具有重要的区位优势，从中国的西南无论是向南进入中南半岛，还是向西进入南亚大陆，该地都处于交通线上的必经之路。自北向南奔流的伊洛瓦底江、萨尔温江及其支流形成了水上航道以及陆上走廊，把中国西南地区与东南亚、南亚大陆连接起来，中国的茶叶、丝绸等产品顺流而下，传及中南半岛、南亚，并从印度洋远达欧洲。而自东向西行，跨越那加山、阿拉干山，就到达印度阿萨姆、孟加拉国。反过来看，英国从印度或者缅甸亦可通过克钦地区直达中国西南。在中国明清史籍上"野人山"地方与中国关系密切，甚至在1875年清朝上谕明白宣示："滇省野人，虽居铁壁关外，其地仍属中国，不得谓非中国管理。"②因此，英国若要从西南方向进入中国，克钦山区显示出了极其重要的地缘政治价值。

第三，克钦地区拥有丰富的矿产、林木资源，能够为英国资本主义发展提供大量原料。如格里菲斯提到的琥珀矿，"这里上表土层深达15—20英尺，且为红色黏土，再下面是一小层褐煤层，其他的构成物质包括灰色的板岩等。这里的褐煤层形成状态并不好却能找

---

① "The Singpho and Khamti Report," in *The North-East Frontier of India* (A Topographical, Political and Military Report)(Calcutta: Superintendent, Government Printing, 1883), p.128.

②《总署奏英员马嘉理在云南被戕一案与该国使臣续行辩论折·附上谕》，光绪元年三月二十七日，载王彦威、王亮辑编《清季外交史料》卷一，湖南师范大学出版社，2015年整理本，第9页。中缅间存在着平衡两者的曼陀罗政权，野人山地区的孟拱、孟密、孟养等政权亦属此类。——作者注

到大量琥珀"，^①安德森提到的克钦山银矿区，"矿区由一系列 4 英尺直径的通道组成，径直通向山坡的边缘，直接能够看到山下的大河。向导带着我们沿着陡峭的山坡行进，随处可见散落着大块铁矿……混合方铅矿的样本中被检测出含有 0.191% 的银矿"。^②鲍尔斯提到，"漫山遍野长着大量野生的水果和土豆，随处可见桃子、苹果、樱桃、草莓、覆盆子散落山间"。^③这样一个资源丰富的地方引起了英国殖民者极大的兴趣。

正是调研者前期丰厚的成果与报告，为英国军事入侵克钦地区提供了可能性，也使得英国对克钦地区克钦人的认知产生了从语言认知到文化认知再到地域认知的转变。

二、英国对克钦山区的第一阶段入侵（1886—1889 年）

1885 年英国占领下缅甸后，以曾纪泽为代表的官员认为，中国要谨慎提防英国从西南地区的入侵，而以醇亲王奕譞、云贵总督岑毓英、云南巡抚张凯嵩为代表的清政府官员认为，"野人山"及其周边地区与中方无关。虽然缅甸为清代属国，中缅边境的边外土司在历史上与中国关系密切，但清政府对边外夷人的相关事务处理一直秉承中立态度，^④在克钦问题上也不例外，清政府没有对英国武力占领克钦山区的八莫、孟拱、孟密等地区进行干预。

---

① W. Griffith,"Journey from Upper Assam towards Hookhoom, Ava and Rangoon," p.132.

② John Anderson, *Mandalay to Momie*, pp.106-107.

③ Alexander Bowers, *Bhamo Expeditio*, p.11.

④ 参见严赛:《"戛于腊"与傣族土司的跨境纷争及清廷的处置方略》,《中央民族大学学报（哲学社会科学版）》2019 年第 2 期。

英国占领下缅甸后，时任出使英、法大臣曾纪泽多次向英方提出抗议，"英人占缅甸则可，不能侵及中国尺寸土地，英政府询问中国与缅甸界线所在何处……仓促答曰：我界有中国军队及中国旗帜"。[1] 同时曾纪泽也向清政府汇报了相关情况："英久占南缅，今图其北，防法取也。"[2] 曾纪泽提醒清政府英国已经占领了下缅甸，并且为了与法国争夺领地，对缅甸北部的区域有所觊觎。于是醇亲王奕譞指派云南巡抚张凯嵩调查边境，所得结论是："腾越城南三百五里至蛮允为滇界，由蛮允至缅之新街计二百八十五里，期间一百六十五里为野人界，向无管辖……"[3] 此处的"野人界"既不属于中国也不属于缅甸，是中缅之间的瓯脱之地，从范围上看此处"野人山"仅指腾越以西、野人居住的山区。再根据《清史稿》中记载缅甸的地域范围为"时缅甸……其疆域南尽南海，北迄孟拱，西包阿拉干，东联麻尔古"。[4] 也就是说，英国占领前的缅甸地域最北到达孟拱土司境，最南到达印度洋，西边为阿拉干地区，东部达到麻尔古（抹谷、摩鲁）。[5] 1911 年，英国在《缅甸治理报告》的地图中也标注着玉石矿和密支那以北，以及迈立开江和恩梅开江交界以北

---

① 刘伯奎：《中缅界务问题》，正中书局，1946，第 5 页。

② 《使英曾纪泽致总署英取缅北我宜取八幕电·附旨二件》，光绪十一年九月十七日，载王彦威、王亮辑编《清季外交史料》卷六一，第 1245 页。

③ 《清德宗实录》卷二一六，光绪十一年九月辛亥，中华书局，1987 年影印本，第 54 册，第 1034—1035 页。

④ 《清史稿》卷五二八《列传 315·属国三·缅甸》，中华书局，1977 年标点本，第 14661 页。

⑤ 由于此地盛产红宝石而被称为宝石矿（Ruby Mine，中文史料称宝石厂）。——作者注

的区域都为英国未管理区域（Unadministered Territory）。[1] 因此正如曾纪泽之意，清末中缅之间没有明确的界限。清政府的调查结果也意味着朝廷无意管理"野人山"，曾纪泽只好退而希望保留"野人山"南部的八莫作为中国的商埠，并提议与英国谈判，"请英以八募为我之商埠。彼灭缅，我占八募。彼保护缅，我保八募"，[2] 却也没有得到同意。这就意味着清政府对英国向曼德勒北部的扩张保持默许的态度。英国于 1885 年 12 月 4 日占领曼德勒后，又于 28 日正式占领八莫，开始以此为据点逐步扩大在克钦山区南端到玉石矿附近的领地。[3] 这些区域虽以清政府名义为瓯脱之地，但实际上深受中国影响，英国甚至在占领八莫时深有顾虑，他们默认八莫为中国名义上的领土："八莫城位于伊洛瓦底江边，城内有许多中国元素，缅甸王国衰落后一直为中国所有。"[4] 而此时清廷的态度便直接决定英国是否对八莫进行占领，"如果中国政府迅速利用 1884—1885 年对八莫半强盗式的占领，毫无疑问，他们将完全有理由对瑞丽江与伊洛瓦底江上游左岸之间的那片土地享有权力，其中包括八莫在内。因为安德森（Major Adamson）少校得到的命令是，如果他发现八莫已被中

---

[1] "Map of Burma Showing Divisions and Districts," *Report on the administration of Burma for the Year 1909-1910*(Rangoon: Office of the Superintendent, Government Printing, Burma, 1911).

[2]《使英曾纪泽致总署拟请英以八幕为华商埠候示电》，光绪十一年十月二十六日，载王彦威、王亮辑编《清季外交史料》卷六一，第 1260 页。

[3] Compiled in the Intelligence Branch, Army Headquarters, *Frontier and Overseas Expeditions from India*, Vol.5 Burma (Simla: Govt. Monotype Press, 1907), p.362.

[4] Joseph Chailley, *Administrative Problems of British India, Book Ⅱ Britain's Indian Policy*, trans.William Meyer(London: Macmillan and Company, 1909), p.267.

国军队占据，就不要再去占领"。① 英国以殖民者的思维方式来考量中国与缅甸的关系，但其实，自明代以来"野人山"的土司与中央的关系一直是松散的。曾纪泽从英政府询问中缅界限而看到了中西方之间的差异，他希望借此机会将这种松散、不确定的关系以建立商埠的方式确定下来，以防止英国进一步向中国西南侵略，但自他卸任出使英、法大臣后，政府内无人再提出确定清廷与"野人山"的关系。光绪十二年（1886）六月，《中英缅甸条约》签订，其中条款规定只要缅甸依然按照以往的朝贡关系向清廷进呈方物，"英在缅甸政权悉听其便"，"中缅边界勘定，另立专章"。② 这些模糊的条款意味着清政府已经放弃对英占缅甸的干涉，也为英国占领中缅间不确定的"野人山"提供了借口。英国在 1886—1889 年的 4 年中，以八莫为中心呈 L 形，向北占领了孟拱—甘板一线、向东占领了曼雎—捧干—虎踞关一线。

1883 年起，孟拱地区由温佐坐把（Sawbwa of Wuntho）管辖。③1885 年，英国远征军从曼德勒到达孟拱周边后，最先遭到了温佐坐把的反抗。④ 英军甚至囚禁其子以此威胁，温佐坐把迅速联合

---

① "Report on the Sino-Burmese Frontier," *British Documents on Foreign Affairs—Reports and Papers from the Foreign Office Confidential Print*, Part 1, Series E, Vol. 23（Washington: University Publications of America）, p.114.

②《总署致刘瑞芬言缅事已与欧使定议画押电》，光绪十二年六月二十四日，载王彦威、王亮辑编《清季外交史料》卷六七，第 1394 页。

③ 又作稔祚坐把，缅语中"坐把"即中文"土司"之意。——作者注

④ Compiled in the Intelligence Branch, Army Headquarters, *Frontier and Overseas Expeditions from India*, Vol.5, p.362.

周边其他坐把向清廷求救,希望得到中国的帮助共同抗英。① 需要指出的是,虽然清政府没有官方支持温佐坐把,但由于边境土司与中国地方官员的交往密切,腾越镇右营都司李文秀派兵帮助温佐坐把进行了抵抗。余定邦先生指出了岑毓英官方奏折与民国学者诸祖耿先生研究中对李文秀记载的两个对立形象。在岑毓英的奏折中,李文秀杀害副将袁善后出逃缅甸,在野人山与野夷的斗争中中枪身亡;但是根据诸祖耿的研究,李文秀却是一个为他人陷害且积极协助缅甸坐把抗英战死沙场的将领。余先生最后推测地方官员李文秀冲破朝廷阻力到达缅甸,在猛拱(孟拱)保卫战中牺牲,在缅甸的土地上洒下鲜血献出生命。根据英方的记载,当时虽然温佐坐把归附缅甸,但是乾隆时期孟拱政权却有短暂向中国朝贡的经历,受到中国影响,温佐坐把作为掸人领袖接管孟拱之地后仿照中国的土司制度,有效地管理着当地的克钦人。由于温佐坐把强烈的反英态度,英人在孟拱成立了以克钦人为主的三人委员代替温佐坐把与英军一起入侵,遭到李文秀的反抗。② 所以在英方看来,虽然管理该地的温佐坐把归附缅甸,但是他们反对英殖民者的统治,且与中国关系甚密,因此得到了中国地方官员李文秀的支持。民国时期,尹明德在《天南片羽》一书中,也有对这一史实的记载:"光绪十二年,我腾越镇右营都司李文秀与英兵战,阵亡于猛拱,汉兵从死者五百余人。"③ 由

---

① 关于温佐坐把(土司)如何向清廷求助归附,并抗击英国侵略者的过程,参见余定邦:《清朝政府对 1885 年英国占领缅甸的反应》,《中山大学学报(社会科学版)》1995 年第 1 期。

② Compiled in the Intelligence Branch, Army Headquarters, *Frontier and Overseas Expeditions from India*, Vol.5 Burma (Simla: Govt. Monotype Press, 1907), p.362.

③ 尹明德:《天南片羽》,1934,第 42 页。出版者不详。——作者注

此可以证实，虽然清政府方面没有派兵支援，但是云南地方官员却帮助"野人山"土司对英国入侵进行抵抗，且壮烈牺牲。这样看来，虽然在官方文献中，清廷并不承认与"野人山"的联系，但是实际这一区域与中国有着极其重要的关系。

　　李文秀协同温佐坐把的反抗有效地阻击了英国的入侵，也使得英国意识到"野人山"与中国渊源很深。1886年2月，英军重新向孟拱进军，由副指挥库克少校（Major Cooke）领导一支部队，从八莫出发，由经新波（Sinbo，又称为辛博），长驱直入进入孟拱。英军任命三人委员会管理孟拱后返回，但是委员会内部却出现了矛盾，导致9月孟拱再次混乱，英军只好将部队转移到茂卢（Mawlu）等待时机再次征讨孟拱。[1]与此同时，1886年4—5月，八莫附近的捧干（Ponkan）土司又开始对英人进行反抗，并将范围扩展到了附近的萨瓦底（Sawadi）、疆党（Chaung Dauk）等村庄。[2]云贵总督岑毓英在给光绪帝的奏折中，也记载着当地野人对英国入侵的抵抗："其捧干一面，英亦添兵前往，野人预为埋伏。该地山深箐密，英人行二十里许，野人伏兵四起。英兵拼命冲击，伤毙四十余人，仅为得脱，野人竟无折损。所有前在漫睢、疆党英兵，现多退回新街。"[3]英国人退回新街有着自己的考虑，后来负责战役的中校菲茨杰拉德

---

① Compiled in the Intelligence Branch, Army Headquarters, *Frontier and Overseas Expeditions from India*, Vol.5, p.363.

② Ibid., p.364.

③《滇督岑毓英奏英人屡被缅兵攻挫关外土司请内附折·附上谕》，光绪十二年七月初三日，载王彦威、王亮辑编《清季外交史料》卷六八，第1397页。

（Lieutenant-Colonel FitzGerald①）曾对这次捧干扩张有着详细的论述，他提到库克少将写给他的一封信，解释了当时英国不再继续扩张的原因："我非常焦虑且已经不想再采取任何行动，因为这会驱使（捧干）土司找来中国帮忙且联合起来。另一个更有说服力的理由是我们已经打到了中国附近的山脉上，中国很有可能将此地视为他们的边疆领土。这会让云南总督认为我们侵占了他们的边疆，会使我们处于严峻的政治困境……克钦人却不理解我们的行动，依然在9月偷袭八莫，而1887年也有几次与他们的冲突……"② 从中可以看出，英国入侵八莫周边地区有两方面考量：首先，英方惧怕当地土司与中国的联合，当地土司若得到中国的帮助必定实力增加，这会对人生地不熟的英军一个强烈冲击；其次，英军并不确定自己侵略的地区是否属于中国，担心这些在中国边疆领地上的烧杀抢掠会使自己处于政治上的不利地位。鉴于上述原因，他们及时停止了远征。从岑毓英的奏折看，清政府并不以为英国已经侵占了自己的领土，仍没有主动抵制英军入侵。

1887年12月27日，英人任命特里斯科特上尉（Captain Triscott）为总指挥，安德森少校（Major Adamson）为政治官，开始对孟拱进行第二次入侵。军队沿着伊洛瓦底江左岸一路向北，于1888年1月7日到达新波、1月14日达到孟拱，这一路英人的行进非常顺利，但是到了孟拱却遭到缪萨（Myosa）和周围克钦人的反抗。

---

① 常见姓氏为 Fitzgerald，此处原文为 FitzGerald。——作者注

② Compiled in the Intelligence Branch, Army Headquarters, *Frontier and Overseas Expeditions from India,* Vol.5, pp.368-369.

安德森只好于 1 月 28 日离开孟拱，虽然途中同样遭到了克钦人的伏击，英军依然于 2 月 4 日经过孟养，在 6 日到达杰沙。① 从 1886—1888 年，英军在八莫—孟拱一线的入侵，基本上实现了英军对孟拱的占领，同时考察了孟拱东部玉石矿周边的情况，以及孟拱周边山区的情况，拓展了八莫到孟拱再到甘板一线的道路，使得英军可以从南部轻易向北部进军。1889 年，英军继续进攻捧干，由于捧干土司未得到清政府的支持，5 月 11 日英军到达南宛河并占领了虎踞关。② 但是清政府却一直到《续议滇缅界、商务条款》提上日程了，也不知虎踞关在何处，"惟虎据关界限方向初甚渺茫，久无定论，乃电请云贵督臣王文韶派员查阅，邀同八幕英官履勘"。③ 1894 年 3 月，清廷才发现虎踞关已不在自己的管辖范围，此时要去追讨回领地也为时已晚：

> 英兵所守之界，越虎据关以东者已数十里……迨滇员寻觅虎据、天马二关，勘虎据关在盆干西十里，距八幕五十余里，距南碗河边英人所指为中国边界者八十里……二关虽已久圮，关门营址尚存。讵印度总督异常狡猾，不肯让地，外部从而附和之。④

---

① Compiled in the Intelligence Branch, Army Headquarters, *Frontier and Overseas Expeditions from India,* Vol.5, pp.370–371.

② Compiled in the Intelligence Branch, Army Headquarters, *Frontier and Overseas Expeditions from India,* Vol.5, p.379.

③《使英薛福成奏与英议定滇缅界务商务条约折·附条款》，光绪二十年三月二十一日，载王彦威、王亮辑编《清季外交史料》卷八九，第 1820 页。

④《使英薛福成奏向英廷索还汉龙天马二关片》，光绪二十年三月二十一日，载王彦威、王亮辑编《清季外交史料》卷八九，第 1825 页。

由于清政府对"野人山"的地域了解模糊，并无明确界限，导致英国长驱直入，肆意占地。与此同时，英军在1885—1890年也向南占领了孟密（Momeik）、莫楞（Mohlaing），[①]虽然这一区域主要族群为掸族，但是从英国人的角度看，他们认为掸人住在山谷，克钦人和崩龙人住在山间，既然是要征服克钦山区，那么只要其山区有克钦人就属于他们征服的范围。

三、英国对克钦山区的第二阶段入侵（1890—1893年）

英国第二次入侵克钦南部的时间大致是1890—1893年，此时他们对这一区域依然了解甚少，因此一面进行军事侵略，一面进行勘测调查。英国人对"克钦山区"第二次军事侵略主要分1890—1891年、1891—1892年、1892—1893年三个时间段。这一时期的入侵与上一时期最大的差别就是英国不再坚持用武力征服克钦地区，开始用怀柔的方式来消除中国对此地的影响。

首先是1890—1891年对原所占地区部分反抗势力的消除和密支那地区新的军事站的建立。实际上英军要控制这些地区并没有他们想象的那么简单。1890年底，拉纳克钦人（Lana Kachins）封锁了前往南部南坎（Namhkam）的主要商路。英军立即在1890年底至1891年初派遣一路75名士兵组成的纵队对八莫东部的克钦部族进行了镇压。1890年12月24日，在中尉伯顿（Lieutenant Burton）的

---

① Compiled in the Intelligence Branch, Army Headquarters, *Frontier and Overseas Expeditions from India*, Vol.5 Burma（Simla: Govt. Monotype Press, 1907）, p.381.

带领下，英军对太平山北部进行了推进。[1]

从1891年开始，英军虽然继续对当地克钦人的局部反抗进行镇压，但是他们已经发现，如果处于这样无休止的镇压与反抗的循环中，就很难将这一区域完全征服。于是，他们开始对伊洛瓦底江西部的野人族群实行和解的政策，即当地野人可以保留原村落的习惯法（Local custom），依然听命于杜瓦（Duwa，指克钦头人），但是凡有涉及重大偷盗、谋杀等案件，必须向邻近统治的英国官员报告。停止各村落部族之间的流血斗争，英方也会适时开放一些山路。[2] 英军授予当地头人证书予以承认他们的地位，但要求将其所管辖地区内的所有枪支上缴英方。这样，英军在1891—1892年抽调了一个军和四路警队的力量来管理伊洛瓦底江西部地区，同时也换来了这一地区的平静。英方发现这一政策事半功倍，也希望以同样的方式来解决伊洛瓦底江东部的克钦族群，但东部的克钦族群依然不停地反抗英国，英方出动四路警队进行激战，最后于1892年底占领了昔董（Sadon），将其以英文命名为哈里逊堡（Fort Harrsion）。

1890—1891年，印度调查部官员霍布迪少校（Major Hobday）和副指挥官艾利特中尉（Lieutenant Eliott）依据安德森少校的调查结果对克钦山区北部进行了再次调查。艾利特的调查原目标是东部的昔董，但是由于山区族群的反抗相对激烈，艾利特只好放弃这一

---

[1] Compiled in the Intelligence Branch, Army Headquarters, *Frontier and Overseas Expeditions from India*, Vol.5 Burma（Simla: Govt. Monotype Press, 1907）, p.388.

[2] Compiled in the Intelligence Branch, Army Headquarters, *Frontier and Overseas Expeditions from India*, Vol.5 Burma（Simla: Govt. Monotype Press, 1907）, p.389.

东线计划。霍布迪与艾利特的北进一共有四次。第一次北进于 1890 年 12 月 24 日从新波出发，31 日到达了密支那，1891 年 1 月 5 日他们抵达迈立开江和恩梅开江的交汇处，军队继续沿着迈立开江行进，在 1 月 15 日到达最北的崩弄蚌（Pumlumpum，约北纬 26°15′）。第二次北进于 2 月 5 日从密支那东北部的麦格纳（Maigna）出发，主要向东北开拓经过昆图（Kwitu），最北到达拉卡央（Lakayang），虽然已经能看到恩梅开江，但是军队由于害怕昔董附近的克钦人，没有再向东北前进，而是折返向南到达了卡祖（Kazu）和孙蚌（Sampum），最后于 2 月 25 日到达了豌麽（Waingmaw）。第三次北进的主要范围为东南部，3 月 8 日从豌麽南部的罗基（Talawgyi，又称德劳基）出发，到达昆桃央（Kuntaoyang），又向南经过曼谋（Manmaw）最远到达崩皮（Pumpien），结束于 3 月 26 日。第四次北进主要是对穆雷江和太平江上游未涉足地区的扩展，历时较短。[1] 为了协助艾利特调查，英人加强了在八莫、孟拱的军事设置，并且在密支那建立了警卫。霍布迪与艾利特的北进调查其实将英人的统治范围进一步向北和向东推进了。

1892—1893 年，英方主要建立了昔马（Sima）和南坎的要塞，平定了八莫和杰沙地区的局部反抗势力，同时对前几个阶段未完成的任务进行清理。在对待这些地区的族群时，英方将他们分成了两类：第一类是在其哨所管辖范围内或已经安定的族群，对待他们的

① J. T. Walker,"Expeditions among the Kachin Tribes on the North-East Frontier of Upper Burma,"*Proceedings of the Royal Geographical Society and Monthly Record of Geography* (New Monthly Series)14, no. 3 (March1892), pp.161-173.

政策与上述伊洛瓦底江以西的族群一样，需要解除武器，并且上缴税收；第二类是不在其哨所管辖范围内的族群，这一类的管理方式将会有所区别，主要保证他们不反抗，英军不会对他们进行干涉，且只要能够上缴相应税收，可以不解除武装。[①] 英方采取这一政策实属无奈之举，克钦山区的族群与中国的关系依然密切，因此，英国希望尽可能地将克钦人的反抗减到最小。且时任出使英、法、意、比四国大臣的薛福成极力主张清廷能够出兵帮助当地野人进行抵抗，1893 年 9 月，薛福成上奏光绪帝，希望中央能够敦促云南地方官员出兵进驻"野人山"来替换英方的驻扎：

> 臣查野人颇知耕牧，亦通互市，其驯顺之气，实过于台湾之熟番。前岁游历道员姚文栋道经此地，野人结队送迎，环求归属中国者，到处皆是。此等野人，虽不隶郡县，数百年来，中国以不治治之，听其自生自养，未尝不涵濡圣化于深山之中，一旦闻西人逼处，知将夺其利源，其喁喁向内之诚，至为迫切。[②]

薛福成是继曾纪泽之后另一个坚持将"野人山"划归中国的清政府官员，一方面，薛福成看到即使英国使用怀柔政策，也不能改变"野人山"族群对侵略者的不满，由于历史上中国在此设置边外

---

① Compiled in the Intelligence Branch, Army Headquarters, *Frontier and Overseas Expeditions from India*, Vol.5,p.392.

② 《使英薛福成奏请饬滇督派兵驻野人山替换英兵片》，光绪十九年九月二十六日，载王彦威、王亮辑编《清季外交史料》卷八八，第 1801 页。

土司，当地族群也希望能够归附于中国；另一方面，英国殖民地的野心在不断扩大，如果不迅速划定界线，列强还会无休止地向中国的西南地区扩张。

1894 年《续议滇缅界、商务条款》签订之际，英国的军队已经占领了克钦山区东部的孟拱、甘板、孟养、杰沙地区，南部的八莫、曼西、孟密、孟养地区，中部的密支那地区，北部到达迈立开江的崩弄蚌一带。按照英方的史料看，整个占领过程，前期以军事进攻的方式步步推进，后期则改变策略以怀柔为主，不主动用兵。1894 年 3 月 1 日，薛福成代表清政府与英外部大臣劳思伯力签订了中英《续议滇缅界、商务条款》。这是双方对"野人山"（克钦山区）多次划分交涉后的结果。① 英国除让出科干等地，并归还车里、孟连两土司全权外，还同意将"野人山区"穆雷江北英国驻兵的昔马地区 300 平方英里的地界，穆雷江南即阳江东七八十平方英里的地界划归中国所有。这是英方稍做妥协的结果，英方认为这一地区的克钦人"比内部（指伊洛瓦底江以西）的克钦人更难以驯服，且他们与云南地区的野人习性更为相似，总会时不时地袭击英方领地"。② 薛福成所谓的"西南两面均有拓展"，③ 其实是建立在英军侵占大量"克钦山区"和部分中国领土后中方尽力争取失地。也就是说，以薛福成为代表的清政府作为谈判的一方无论如何都处于劣势，双方实际

---

① 参见吕一燃：《薛福成与中英滇缅界务交涉》，《中国边疆史地研究》1995 年第 2 期。

② Compiled in the Intelligence Branch, Army Headquarters, *Frontier and Overseas Expeditions from India*, Vol.5, p.390.

③《使英薛福成奏遵旨与英外部商办滇缅界线滇境西南两面均有展拓折》，光绪十九年九月二十六日，载王彦威、王亮辑编《清季外交史料》卷八八，第 1797 页。

上是一种不对等的谈判，是清政府尽可能希望英人退出已占中国领土的一种外交让步，薛福成自己也坦言：

> 臣之与英分界，适在英人占地之后，所以争之更觉其难。然臣实不敢不俯顺舆情，握要力争，争之不得，亦不能不俾边氓知我圣朝并非弃之化外，实系时势使然。至彼与我争地，动称控制不易，冀相恫喝，彼乃得步进步，乘机侵占。[①]

也就是说，薛福成尽力争取失地的一个极其重要的原因是当地族群对清朝政府的向往与归附，但就实际情况而言，英国占领克钦山区已成事实，清政府以当时的实力再要夺回，非常困难。

英国对这一区域的野心主要在于对土地与族群的控制，进而能够打通进入中国云南的道路。而在入侵过程中却发现当地与中国关系密切，英方要不断地削弱中国的影响以建立起自己的殖民体系。最终，与中国进行双边谈判并签订条约是最直接快捷的方法，既可以避免英国在入侵过程中受到中国影响，又可以按照自己的殖民意愿建立统治政策。法国驻缅甸仰光大使馆官员约瑟夫·朵特梅（Joseph Dautremer）在1913年《英国统治下的缅甸》一书中记载，印属时期英国对缅甸的行政管理划分为上缅甸、下缅甸和掸邦山区。克钦山区划归上缅甸的曼德勒区域，其中曼德勒作为主要的城市，其他

---

① 《使英薛福成奏请饬滇督派兵驻野人山替换英兵片》，光绪十九年九月二十六日，载王彦威、王亮辑编《清季外交史料》卷八八，第 1801 页。

重要城市有八莫、密支那、杰沙、抹谷四个。① 而这些重要的城市都位于克钦山区，也都是1886—1893年英国对克钦山区侵略所得。英国通过与中国划界的方式获得了对克钦山区土地及族群的治理主权。

四、英国对克钦山区的统治

伴随着在克钦山区的侵占范围越来越大，英国统治者不得不出台一系列政策对其进行管理。1892年起，英印政府已经认识到这一地区的重要性及对克钦族群管理的难度之大，"此地是一个最重要的地区，不仅要把军队职权限制到最小，还要在未来将政府对它的管制限制到最小……"② 因此，英国出台了相应的条例，最初是《1892—1893年度克钦山区公务人员职责总则》③，虽然名义上是约束进驻官员的条例，其实更多的规定涉及公务人员如何对克钦地区进行管理。为了避免与克钦族群的正面军事对抗，《1892—1893年度克钦山区公务人员职责总则》中要求公务人员将"完全排除外国的影响"作为统治该地区首要准则。④ 这里外国的影响其实就是指中国的影响。如前文所述，英国将已占领地区族群分为哨所管辖内与非哨所管辖

---

① Joseph Dautremer, *Burma under British Rule* (London：T. Fisher Unwin, 1913)，p.146.

② *Report on the administration of Burma for the Year 1892–1893*(Rangoon: Office of the Superintendent, Government Printing, Burma, 1893)，p.32.

③ 该条例英文为 "General Instructions Issued to the Civil Offices on Duty in the Kachin Hills, season 1892-1893"，此处season为小写，笔者理解此加这一单词所指1892—1893年并不是正好从1892年1月1日至1893年1月1日的自然年，而是有相应季度性、人为划分的一年，如从1892年3月1日至1893年3月1日的年度概念。因此，笔者将其译为《1892—1893年度克钦山区公务人员职责总则》。

④ *Report on the administration of Burma for the Year 1892–1893*, 1893，p.32.

内分开管理。

1894 年，英国与中国签订《续议滇缅界、商务条款》标志着英方对克钦山区的占领，也意味着英国已经完全排除了中国对这一地区的官方干涉。1895 年英印政府出台《1895 年克钦山区部落条例》（以下简称《克钦条例》）标志着英国正式对这一区域进行统治与管理。1895 年 1 月 26 日，《克钦条例》由英印总督赞成通过，同年 2 月 2 日发表在《印度公报》，同月 16 日发表在《缅甸公报》，并且作为《1886 年上缅甸法案》和《1888 年掸邦法案》的补充条例，增补其中。而此二者又被收入了《1898 年缅甸法案》，① 作为英印总督统治缅甸省邦、治理山区克钦民族的重要依据。1895 年 7 月 1 日《克钦条例》正式生效。该条例总共分为八部分，前七部分的内容分别为序言，适用法律，头人的权利，官员的司法权和特殊权，对武器、弹药、鸦片和森林的管制，赋税和罚金、管控，最后一部分以列表的形式列举了所有适用于克钦山区的英属印度法律。英国的《克钦条例》实际上是其在占领克钦山区过程中不断征服当地族群，且在与之交往后对各族群出台的约束管控措施。

第一，条例划定了克钦山区的具体范围，即条例的具体适用范围。《克钦条例》中界定克钦山区的地域范围包括：第一，八莫与密支那地区中克钦人或野人所在的山区；第二，杰沙地区中克钦人所在的山区；第三，北兴威（State of North Hsenwi）地区中克钦人所在的山区；第四，孟密及附属莫楞地区中的克钦人和崩龙人所在山

---

① "The Kachin Hill-tribes Regulation, 1895," in *The Burma Code* (Calcutta: Superintendent, Government Printing, 1899), p.381.

区。①从英人对克钦山区界定范围和适用范围来看，这些地区完全是1886年以来英国逐步占领的地域。这部分区域并不是从条例公布之初就一成不变的。1895年6月20日，英政府最先公布了八莫与密支那地区的范围：伊洛瓦底江以西，南部到达北纬25º 43′纬线附近，东部与玉石矿边界相接；伊洛瓦底江以东，南部到达南坎，北部到达北纬25º 35′，东部到达东经98º 14′。②8月，杰沙地区也被列入管辖范围。11月，北兴威、孟密、莫楞相继在英印总督委员会通过划入克钦山区。该条例适用于以上四地区山区范围内的所有族群，包括克钦人、野人、崩龙人及所有下属支系（clan），至此英国也就将"克钦"这一名称从政治上赋予了山区的所有族群。同时，该条例在这一区域内拥有最高法律效应，即只有本条例及本条例内列举的英属印度法规可以适用于此地区规定人群，其他法规、条例在此地均不适用，这也使得该地拥有与上、下缅甸不同的特殊权力。

第二，从《克钦条例》可以看出英国殖民者对克钦山区的管理模式。在英国印属缅甸的殖民体系中，最高等级为英国总督委员会（The Governor General in Council），以下是英印政府（The Local Government），英印政府之下设置缅甸首席委员（1897年以后改为省督，亦为印度副总督 Lieutenant-Governor）及其领导的缅甸殖民政府。③克钦地区设置地区副委员（Deputy Commissioner）一名，这

---

① "The Kachin Hill-tribes Regulation, 1895," in *The Burma Code*, p.382.
② "Notification Extending and Applying Enactments to the Kachin Hills or Hill-tribes," in *The Burma Code*, p.628.
③ 贺圣达：《缅甸史》，云南人民出版社，2014，第257页。

位地区副委员必须由英人担任；助理委员（Assistant Commissioner）若干，协助地区副委员工作，且政府有权授予其中的助理委员以部分或全部副委员职权，也就是说，助理委员虽然在行政级别上低于副委员，但是他的实权有可能与副委员一样。再下一级为山区头人（Headmen），山区头人是山区部族或村落的主要管理者，包括杜瓦（Duwa）和管（Aky）。[1] 所以克钦地区的一整套管理体制有别于副总督领导的缅甸殖民政府的体系。和其他边境地区如掸、克伦一样，它们实质上形成了英国政府保护之下的特殊领地。[2]

就克钦山区管理体系的内部隶属关系来看。地方委员会是最高的行政机构，有权对地区副委员、助理委员、山区头人的律令进行修改和表决。地区副委员是所有助理委员和山区头人的管理者和领导者，可以任命、罢免任何部族或下属支系、村落或下属村落的山区头人，可以限定山区头人的司法权和行政权的管辖范围。山区头人必须维护其辖区内的和平环境，并遵从副委员或助理委员提出的任何律令，包括提供所需征用的一切事物、食物和公共服务。[3]

第三，《克钦条例》规定了山区头人和地方官员各自的权力，但

---

① "The Kachin Hill-tribes Regulation, 1895," in *The Burma Code*, p.383. 此处 Aky 的翻译未能确定，笔者查阅大量资料，并请教缅甸语专家、景颇族学者、克钦民众，均未能找到合适对应的翻译词汇。推测 Aky 有两种译法：第一种译为"管"，指杜瓦委任的代理人，在大山官辖区才有，因为辖区太大，杜瓦精力有所不及，于是委派若干人分片管理村寨。参见龚佩华、史继忠：《景颇族的山官制度》，载贵州民族学院民族研究所编《中国南方少数民族社会形态研究》，贵州人民出版社，1987，第 109 页。第二种译为"阿科瓦"，因缅甸语中有一个词 အကိုဝါ，读音略似，意为克钦族长。此处笔者选用第一种译法，将其译为"管"。——作者注

② Joseph Dautremer, *Burma under British Rule*, p.172.

③ "The Kachin Hill-tribes Regulation, 1895," in *The Burma Code*, p.383.

是两者所管辖的范围差异甚大。山区头人只能在当地习惯法的范围内管辖副委员限定的族群和村落。在经济上他们可以向当地族群征收习惯税，但必须上缴规定的税收。如有违抗的个人或集体，可以强制没收其移动资产或已有收成。[1] 根据习惯法（除了印度的刑法相应条例），他们可以对管理地区的犯罪者处以罚金和物品。但是山区头人对《印度刑法典》和《刑事诉讼法典》不具有任何的审判和表决权。[2] 英地方官员除了拥有对山区头人的管理权和经济权，还掌握着司法审判权。任何山区都有地区法庭，地区副委员可以自动成为各地区法庭的最高法官，他有审理任何未被当地治安法官定罪的案件权力，而当案件被审理时，地方委员会指定治安法官来协助审理。在审理刑事诉讼案件时，地方委员会的成员将成立最高法院。副委员和助理委员在管辖范围内运行刑事司法体系，在不违背习惯法、正义和道德的前提下，任何民事性质的个人和团体都必须服从。副委员在未判案前有权取消任何山区头人或助理委员受理的刑事或民事法案，由其自己判定，或交由其他助理委员判定。[3]

由此看来，山区头人原有处理当地刑事或民事纠纷的权力将会被英国官员取代。且英方对山区头人包庇本地区族群或支系的行为做了处罚规定。如有以下事项，副委员可以向任何族群或村落团体征收罚金或物品：任何成员有串通结党或无任何正当理由躲避阻挡任何罪行；在任何罪案中有扣押证据的行为；在村子中追寻到赃物却

---

① Ibid., p.389.

② "The Kachin Hill-tribes Regulation, 1895," in *The Burma Code*, pp.383-384.

③ Ibid., p.384.

不能或拒绝归还；对政府怀有敌意或不友好的举动；不遵守副委员或助理委员的合法命令；参与教唆攻击贸易者或旅行者，或征收非法的税款或通行费；参与跟其他族群或村落的打架斗殴。副委员可以根据条例安排所有或部分罚金，将其直接或间接地给予任何受到损伤的人。[1] 这是英方统治克钦山区的一个有效手段，一方面保留了山区头人制度，便于对当地人的管理；另一方面又削弱了山区头人的权力，使得英方在经济、政治和司法上拥有实际的掌控权。

第四，《克钦条例》对武器、弹药、森林和鸦片进行了特殊规定。在武器、弹药方面，克钦人原来拥有自己的武器，安德森的调查报告中就写到了克钦人使用的诸多武器，"克钦人的武器是大刀、矛、火枪、弩、毒箭"。[2] 鉴于克钦人的雇佣兵传统和英国占领该地区的曲折性，英方在军事方面也做出了严格的规定，主要是沿袭了英国侵略时期对当地族群拥有武器的限定。副委员将对每个山区武器的数量、质量、弹药形态作相应规定。部分山区会给予武器拥有个人或团体相应的执照，且拥有执照的火器必须进行登记。任何人如非法持有，或在非授权地区拥有武器或弹药，或将武器弹药出口山区以外地区，将会受到处罚、判刑并处以罚金。根据现有政府的制裁，委员会有权确定哪些山区可免于处罚。在森林、鸦片方面，任何其他法规不得抵触《1887年上缅甸森林管理条例》。在没有副委员的通行令下，任何鸦片不得出口山地。政府有权确定税收利率。任何人违反这一条例都会被处罚、判刑或交给地方法官判处一年入狱、

---

[1] "The Kachin Hill-tribes Regulation, 1895," in *The Burma Code*, p.385.

[2] John Anderson, *A Report on the Expedition to Western Yunnan via Bhamo*, p.134.

罚款或所有刑法。任何人向外国政府出售酒精也将会被处罚、判刑或交给地方法官判处三个月入狱、罚款或所有刑法。[1]英方管控措施的目的非常明确，一方面是避免当地克钦人再次反抗英国的殖民统治，另一方面是掠夺当地的资源。

1898年3月25日，《1895年克钦山区部落补充条例》（以下简称《补充条例》）由印度总督赞成通过，同时发表在《印度公报》的第一版和《缅甸公报》的第二版中。《补充条例》遵循了原条例的内容，在七处内容上有所补充与修改。[2]英国利用《克钦条例》对克钦山区进行严格管理，这一条例的执行期一直持续到1947年2月《彬龙协议》签订。

五、结论

马克思和恩格斯曾经以爱尔兰、印度、中国和其他被殖民的国家为例，得出一个结论，"军事掠夺、捐税和土地的掠夺，领土的兼并……以至直接使用暴力，在19世纪也是欧洲列强殖民政策的主要方法"。[3]英国对克钦山区的侵略与统治明确地印证了这一结论。

从1886年起，英国通过军事战争、兼并、与中国谈判等方式侵占了克钦山区。虽然在历史上，克钦山区与中国关系密切，但是清政府对当地的了解相当有限。英国借此机会开始对克钦山区以及

---

[1] "The Kachin Hill-tribes Regulation, 1895," in *The Burma Code*, p.388.

[2] "A Regulation to Amend the Kachin Hill-tribes Regulation, 1895,"in *The Burma Code*(Calcutta: Superintendent, Government Printing, 1899),pp.425-426.

[3] 马克思、恩格斯：《论殖民主义》，俄文本序言，第IX页。

当地克钦人进行了解。从最初威尔考克斯中尉从语言上将所见新坡、卡欠族群划分为一类，到汉内从文化上将缅甸东部的山地人，胡康河谷和阿萨姆地区的新颇人，以及迈立开江和恩梅开江谷地的各种卡库人划为一类，再到斯莱登考察团中鲍尔斯和安德森从地域上将所有居住在曼德勒东北、阿萨姆东南的新坡人、卡库人、卡欠人、景颇人、野人、傈僳人、崩龙人都归为克钦族群，到最后英国政府出台的《克钦条例》中，以政令方式详细地从地域的角度将八莫与密支那山区、杰沙山区、北兴威山区、孟密及附属莫楞山区的所有景颇人、野人、崩龙人作为克钦人的组成部分，殖民者在不断调查、兼并、侵略的过程中增加对当地克钦族群的了解，不断深入和改变认知。而现今缅甸的克钦族群划分依然深受英国殖民者的影响。

英方一方面派出军队调查团对克钦山区进行全面深入的了解，另一面利用武力对当地的族群进行入侵镇压。英国发现克钦地区受中国的影响很大，双方贸易畅通，清朝地方官员与土司（坐把）私交甚好，只有消除中国在克钦地区的影响，才能建立英方的殖民体系。因此从这一角度来看，1894 年的《续议滇缅界、商务条款》是英方在克钦山区建立殖民体系的铺垫。此时英国在土地占领上已获得绝对优势，今缅甸克钦邦南部大部分地区以及掸邦北部地区被英人占领，这也是英国最早界定的克钦地区。以八莫为中心向西北到达孟拱、甘板、玉石矿，向东占领曼雎、捧干、虎踞关，向南达到掸邦的北兴威、孟密、莫楞地区，中路占据密支那以北沿着迈立开江直至崩弄蚌。中英以条约的方式人为划定了双方在克钦山区的界限，使得英国在后续对这一地域的统治中可以免受中国的影响，同时条约也为中缅划界留下了诸多分歧。

1895 年，英国出台了《克钦条例》正式在克钦山区建立了殖民统治，条例以法规的形式确定克钦山区的具体范围，英印政府对克钦山区的管理模式，从中可以看出克钦山区在整个印属缅甸的地位以及山地头人和英国官员的权力。这一历史过程造成了英国在殖民时期"分而治之"缅甸的现象产生。也使得以克钦山区的族群与缅族之间出现了巨大的隔阂，对缅甸克钦山区的政治发展、缅甸的民主独立和解放进程产生了巨大的影响。

近四十年来中国学界的缅甸语研究述评

蔡向阳　张丽娇①

【摘　要】近四十年来，中国学界的缅甸语研究取得了较为丰硕的成果，历史语言学是缅甸语研究中最重要、高水平成果最为集中的研究范式，对整个缅甸语的研究起着示范引领作用。进入21世纪以来，在其他语言研究范式下进行的缅甸语研究开始全面铺开、多维度拓展，尽管目前整体水平尚难以达到在历史语言学范式下进行的缅甸语研究那样的高度，但也让我们看到了一些值得关注的特点和值得期待的增长点。

【关键词】缅甸语；历史语言学；研究范式

　　缅甸语使用人口众多，拥有近千年的历史文献，是汉藏语系藏缅语族中具有代表性的一种语言，因此，缅甸语的研究在汉藏语系语言研究中占有重要地位，一直为世界语言学家们所关注。缅甸是中国的重要邻邦，研究缅甸语言有助于中缅友好往来和中缅友好关系的进一步发展，有助于两国互相借鉴、共同发展，具有重要的现

---

① 蔡向阳，信息工程大学洛阳校区教授；张丽娇，信息工程大学洛阳校区在读研究生。

实意义。尽管中国人对缅甸语的研究甚至可以追溯到明代，[①]但由于种种原因，中国国内对缅甸语的研究在20世纪80年代之前基本是空白，几乎是停滞不前的，直到20世纪80年代初才有了一些单篇论文乃至专著问世。近四十年来，尤其是进入21世纪以来，缅甸语研究有了长足的发展，各类成果呈加速度涌现，不论是历时研究还是共时研究，都取得了丰硕的成果。因此，本文对中国学界的缅甸语研究的讨论集中在20世纪80年代初以来的近四十年中的中国学界的缅甸语研究。

一、近四十年来中国学者的缅甸语研究概况

从四十年前中国开始改革开放至今，随着中国经济的不断发展以及中国对缅甸的研究整体走向繁荣，对缅甸语的研究在这四十年中也有了显著的巨大进步，取得了可喜的成绩。下面我们从研究队伍、研究成果两个主要方面对近四十年来中国学者缅甸语研究的基本情况进行梳理，在充分肯定成绩的同时，也理性地分析缅甸语的研究中存在的问题与隐忧，以便再接再厉，取得更大的成绩。

（一）从事缅甸语研究的机构和人员已颇具层次规模但后续繁荣还需加力

四十年来，中国研究缅甸语的学者队伍不断发展壮大，形成了

---

① 明永乐五年（公元1407年）朝廷设立"四夷馆"，专掌译事，到清朝时四夷馆改名为"四译馆"，其中缅甸馆译语里有相当数量的"缅文杂字"和"来文"，缅文杂字分门别类，并有汉字注音和释义，是我国第一部缅汉辞书，为缅甸语语音史的研究提供了极其宝贵的资料。

一支专门研究缅甸语的队伍，直接促成了缅甸语研究的繁荣局面。目前缅甸语研究力量主要来自三大群体（见表1）：（1）缅甸语专业的教师、研究生；（2）部分藏缅语言学家；（3）部分汉语音韵学家。

表 1 国内缅甸语主要研究学者及其所属机构

	研究机构	主要研究人员
缅甸语专业教师（截至 2021 年，全国有多达 25 所院校开设了缅甸语专业，但大部分院校开设缅甸语专业较晚，这些学校教师的主体是从事语言教学的年轻教师，限于篇幅，这里只列举全国外语学科缅甸语言文学方向副教授以上的在职及已退休教师）	信息工程大学洛阳校区	郭联美、尹骋翔、曲永恩、尹湘玲、钟智翔、蔡向阳
	北京大学	汪大年、计莲芳、姚秉彦、李谋、韩德英、姜永仁、林琼、杨国影
	北京外国语大学	许清章、周思贤、张铁英、赵瑾、常青、李健
	国防科技大学国际关系学院	王介南、王全珍、吴军、扈琼瑶、钟荣霈
	云南大学	寸雪涛
	云南民族大学	周德才、王何忠、岳麻腊、刘利民、邹怀强、易嘉、苏自勤
	云南师范大学	徐跃民
	滇西科技师范学院	杨汉鹏、刘吉仙
	保山学院	王德仙
藏缅语言学家	中央民族大学	戴庆厦、黄布凡
	中国社会科学院民族学与人类学研究所	孙宏开、江荻、李永燧、吴安其
	贵州彝学研究会	丁椿寿
汉语音韵学家	中国社会科学院语言研究所	郑张尚芳
	上海师范大学（复旦大学）	潘悟云
	南开大学	曾晓渝
	华中科技大学（首都师范大学）	黄树先

资料来源：作者咨询调查统计得来。

第一类群体是缅甸语专业的教师、研究生，这是缅甸语研究的主力，北京大学汪大年教授和信息工程大学洛阳校区的钟智翔教授等是其中代表性的学者。

尽管在高校中缅甸语专业出身的研究者的研究领域往往会分散在缅甸语言、文学、文化、国别区域等各方面，但由于专业语言教学及个人科研的需要，缅甸语专业的教师往往多少都会结合缅甸语教学实际，涉足语言方面的研究。截至2021年，全国有25所院校开设了缅甸语专业，本科生在校人数达1500余人，缅甸语专业已成为中国在校生人数占据第四的非通用语种，已有10所院校在亚非语言文学专业二级学科下招收缅甸语言文学方向硕士研究生，北京大学、信息工程大学洛阳校区招收亚非语言文学专业二级学科下缅甸语言文学方向博士研究生，学生群体尤其是研究生群体的扩大为包括缅甸语言研究在内的缅甸方向的研究提供了更多的后备力量。不过缅甸语专业的教师、研究生群体人数看似庞大，但各研究领域分布不均衡，专门研究缅甸语言问题的学者偏少。由于语言研究艰深枯燥且入门的门槛较高，往往被年轻教师、研究生视为畏途，选择语言作为其固定研究方向的意愿不强，且缅甸语年轻教师的主要精力一般都被语言教学所占据，在科研方面相对薄弱，这是缅甸语研究后续繁荣发展所要面临的问题。

第二、第三类群体的代表性人物是藏缅语言学家戴庆厦、孙宏开、黄布凡、江荻、李永燧、吴安其、丁椿寿等；汉语音韵学家郑张尚芳、潘悟云、曾晓渝、黄树先等。这类研究人员原本就有各自研究的核心领域，缅甸语研究并不是他们个人科研的起点，当他们涉猎缅甸语研究的时候已是各自领域的知名学者，因此他们的入场整体上大幅度提升了国内缅甸语研究的理论水平，他们的相关论文著作也改变了国内早期缅甸语研究一直比较薄弱的状态。不过，由于他们研究的范围和领域更广，并不局限于缅甸语一种语言的研究，缅甸语的研究大都只是作为他们个人科研的某个切入点，因此，他们只在其语言学研究的某个阶段、某个方面会涉及缅甸语研究。而且由于他们不是缅甸语专业出身，对缅甸语的感性认识少，所以他们的研究一般只集中在语音、语法层面，对语义、语用层面基本不会涉及。

（二）缅甸语研究各类成果的质与量均快速增长的同时依然存在较大的问题隐忧

近四十年来，中国学者对缅甸语进行了较为广泛的研究，取得的各类成果从数量上看已较为可观。据不完全统计，从 20 世纪 80 年代初到 2021 年底，中国学者出版关于缅甸语的工具书 12 部、教材 37 部（套）、著作（含专著、编著）12 部，公开发表论文 228 篇（含硕博士学位论文 60 篇）。但应该看到，在缅甸语言研究各类成果不断增长的过程中，也暴露出了一些问题。

首先，不同类别的成果不均衡。尽管在高校中缅甸语专业出身的研究者并不一定会选择缅甸语言研究作为自己固定的研究领域，文学、文化、国别区域中的一项或多项都有可能成为他们的固定研究领域，但由于专业教学及个人科研的需要，缅甸语专业的教师往往多少都会结合缅甸语教学实际涉足缅甸语的研究以及语言类教材、工具书的编写，因此，他们缅甸语研究方面的成果也多集中于与教学直接相关的教材、工具书、教学语法等，以服务于语言教学和翻译实践。因适应教学的需要以及出版经费的增加，各高校纷纷将他们编撰的教材和词典出版，因此产生了一大批成果（见表2、表3）。

表2　近四十年来中国出版的缅甸语工具书

序号	书名	作者	出版社	出版时间（年）
1	汉缅大词典	王子崇	云南教育出版社	1987（第一版）
			云南人民出版社	2018（修订版）
2	缅汉词典	北京大学缅甸语教研室	商务印书馆	1990
3	藏缅语族语言词汇	黄布凡等	中央民族学院出版社	1992
4	简明汉缅·缅汉词典	姚秉彦等	北京大学出版社	1995
5	汉英缅分类词典	姜永仁等	北京大学出版社	2004
6	英缅汉－汉缅经贸词典	钟智翔等	北京师范大学音像出版社	2005
7	汉缅英科技词典	王子崇	云南科技出版社	2008
8	汉缅实用词典	卢如升等	外文出版社	2010
9	汉语缅甸语分类词典	梅皓	商务印书馆	2013
10	缅甸语汉语－汉语缅甸语精编词典	蔡向阳等	军事谊文出版社	2017
11	缅甸语汉语－汉语缅甸语军语词典	尹湘玲等	军事谊文出版社	2017
12	东南亚语日常词汇图解分类词典（缅甸语版）	苏自勤	云南人民出版社	2018

资料来源：作者根据国家图书馆馆藏目录及个人积累整理而成。

表3 近四十年来中国出版的缅甸语语言类教材

序号	教材名称	编著者	出版社	出版时间（年）
1	缅甸语基础教程（4 册）	汪大年等	北京大学出版社	1990
2	中缅实用会话	杨长源等	华语教育出版社	1991
3	缅甸语（4 册）	许清章等	外语教学与研究出版社	1993
4	缅甸语 300 句	李谋等	北京大学出版社	1995
5	缅甸语语法	许清章	外语教学与研究出版社	1994
6	缅汉会话	张铁英	外语教学与研究出版社	1999
7	实用缅甸语语法	曲永恩	辽宁民族出版社	2000
8	大学缅甸语（3 册）	曲永恩等	军事谊文出版社	2001
9	缅甸语口语教程	尹湘玲	解放军外语音像出版社	2002
10	缅汉翻译概论	钟智翔等	军事谊文出版社	2002
11	缅汉翻译教程	张铁英	外语教学与研究出版社	2003
12	实用缅甸语基础口语	王何忠	云南民族出版社	2003
13	缅甸文写作	王全珍	军事谊文出版社	2003
14	缅甸语口语教程	姜永仁	北京大学出版社	2003
15	缅甸语教程（6 册）	汪大年等	北京大学出版社	2004
16	缅甸语 300 句	姜永仁等	上海外语教育出版社	2004
17	缅甸语口语教程	王全珍	军事谊文出版社	2005
18	缅甸语军事口语教程	尹湘玲	解放军外语音像出版社	2007
19	缅甸语旅游文化教程	唐秀现等	军事谊文出版社	2009
20	缅甸语阅读教材第二册	杨汉鹏、王何忠	云南大学出版社	2010
21	缅甸语语音快速入门	唐秀现等	世界图书出版公司	2011
22	缅汉翻译教程	钟智翔	世界图书出版公司	2012
23	基础缅甸语（1—4 册）	钟智翔、尹湘玲	世界图书出版公司	2012—2014
24	缅甸语写作教程	尹湘玲、阎艳萍	世界图书出版公司	2012

序号	教材名称	编著者	出版社	出版时间（年）
25	缅甸语语法	钟智翔、曲永恩	世界图书出版公司	2014
26	缅甸语报刊阅读技巧	王德仙、杨汉鹏	云南大学出版社	2015
27	缅甸语口语教程	尹湘玲、申展宇	世界图书出版公司	2015
28	缅甸语阅读教材 第一册	苏自勤、刘利民	云南大学出版社	2015
29	缅甸语阅读教程1—3册	杨汉鹏等	云南大学出版社	2015
30	高级缅甸语	钟智翔	世界图书出版公司	2016
31	实用缅甸语语法	汪大年、杨国影	北京大学出版社	2016
32	缅文书写入门	庞俊彩	云南人民出版社	2017
33	缅甸语阅读教程（1）	钟智翔、申展宇、凌作	世界图书出版公司	2018
34	缅甸语阅读教程（2）	钟智翔	世界图书出版公司	2018
35	缅甸语应用文写作教程	寸雪涛	云南人民出版社	2019
36	缅甸语美文晨读	曹磊	世界图书出版公司	2019
37	缅甸语情景口语	朱君	北京大学出版社	2020

资料来源：作者根据国家图书馆馆藏目录及个人积累整理而成。

其次，集中体现缅甸语研究水平的著作（见表4）与论文类成果（因数量较多，不在此一一呈现）不论是数量还是质量上尽管成绩显著，但存在的问题隐忧也不少。

表 4 近四十年来中国出版的缅甸语语言研究相关专著、编著

序号	著作名称	作者	出版社	出版时间（年）
1	汉彝缅语比较研究	丁椿寿	贵州民族出版社	1991
2	缅甸语概论	汪大年	北京大学出版社	1997
3	缅甸语言文化论	钟智翔	军事谊文出版社	2002
4	汉缅语比较研究	黄树先	华中科技出版社	2003
5	缅甸语虚词用法例解	王何忠	云南民族出版社	2004
6	缅甸语与汉藏语系比较研究	汪大年	昆仑出版社	2008
7	十二世纪以来的缅甸语语音研究	岳麻腊	民族出版社	2010
8	缅语语音的历史语言学研究	钟智翔	上海交通大学出版社	2010
9	缅甸语言问题研究	蔡向阳	世界图书出版公司	2011
10	缅甸语汉语比较研究	汪大年	北京大学出版社	2012
11	缅甸语方言研究	汪大年、蔡向阳	北京大学出版社	2018
12	缅甸的民族及其语言	戴庆厦	中国社会科学出版社	2018

资料来源：作者根据国家图书馆馆藏目录及个人积累整理而成。

著作与论文类成果从总体而言，可以说中国学者以现代语言学的理论和方法对缅甸语中的几乎所有重要问题都进行了一定的研究，中国学者对缅甸语研究领域的广度、探讨问题的深度以及发表、出版成果的数量和质量，都超过了历史上任何一个时期，并涌现了一批有较高质量的研究成果，在某些领域，特别是历史比较语言学领域取得了突破性成绩。

但除历史语言学领域以外，中国学者在缅甸语研究其他领域的

著作和论文质量呈现参差不齐的局面，大多数的成果还停留在就事论事的层面上，描写性的成果较多，高水平的具有理论深度分析的研究成果也较少，此外还存在着选题重复、研究领域分布不均衡、研究存在空白等问题。

最后，近年来缅甸语言文学研究生数量激增，相当多的研究生选择缅甸语言方面的研究作为学位论文的选题，根据本文的初步统计，共收集到228篇相关论文，其中硕博士学位论文就有60篇，这是中国的缅甸语研究的一大特点，这说明，与缅甸语相关的各种问题的学术研究已被关注。但研究生的学位论文基本上没有出版，交流相对缺乏，而且因为学习期间论文发表数量的要求以及急于完成毕业论文本身的压力，产生不少赶时髦、短平快的跟风应景之作，论文选题不是靠语料驱动，而是靠理论借鉴演绎而来，造成这些研究在各具体领域都只能是浅尝辄止、游走于边缘地带，难以产生可以持之以恒地进行长久深入研究的研究方向。

二、历史语言学是缅甸语研究中成就最为突出的研究范式

历史语言学是研究语言发展理论和演变规律的科学，历史比较语言学作为历史语言学的重要分支，其任务在于在语言描写的基础上采用比较的方法确定语言间的发生学关系，将相关亲属语言纳入繁衍式的发展关系之中确定相关语言的亲疏远近，重构共同原始语，推演出各语言的发展轨迹，探索语言演变规律。

缅甸语属于汉藏语系藏缅语族缅语支，是藏缅语族中使用人数最多、分布最广的语言。缅甸语的研究在汉藏语系历史比较研究中

的地位非常重要，它与 7 世纪创制的藏文一起，成为藏缅语族语言里保存古老文献最多、历史价值最重要的两种语言。要进行藏缅语族尤其是缅甸语支或彝缅语支的历史比较研究，不了解缅甸语的历史演变情况是很难开展的。因此从语音、词汇、语法、方言等角度出发来研究缅甸语并与其他亲属语言进行比较研究，对构建科学可靠、令人信服的汉藏语系谱系图来说是一项必不可少的基础研究，对丰富语言学理论和方法论、创造符合汉藏语系语言特色的语言学都有着重要的推动和参考作用。目前所能见到的缅甸语研究中的一些最有分量的研究成果都是按照这个思路进行的，这方面的成果也最受世界各国语言学家看重。

以历史比较语言学为最主要的研究范式是四十年来的中国学界缅甸语研究的突出特色，缅甸语的研究也因此取得了一大批高水平研究成果，代表性的学者、原创性的论文著作多集中在这一领域。这一领域在语言学界受重视的程度从国家社科基金项目立项中也可见一斑，如据笔者掌握的资料，历年国家社科基金项目中以缅甸语为研究对象的项目共有 4 项，全部集中在这一领域（见表 5）。

表5　缅甸语言研究类国家社科基金项目

著作责任者 或主创人员	项目名称	项目编号
汪大年	缅甸语汉语比较研究	03BYY005
岳麻腊	十一世纪末以来的缅甸语语音研究	09BYY061
汪大年	缅甸语方言调查与比较研究	10BYY080
蔡向阳	缅甸境内缅语支语言调查与研究	14BYY172

资料来源：国家社会科学基金项目查询系统，http://fz.people.com.cn/skygb/sk/index.php/Index/seach。

近四十年来以历史比较语言学为研究范式的缅甸语研究取得了有目共睹的巨大成就，这些成就集中反映在以下五个方面。

（一）缅甸语发展的历史脉络变得更加清晰，缅甸语语言史的上限被大幅提前

历史文献资料是研究语言历史的宝贵材料，从蒲甘王朝至今，缅甸用拼音文字记载的碑铭、壁画文、陶片文、金铭文、贝叶文等历史文献极为丰富，为我们研究缅甸语语言历史提供了得天独厚的条件，但这些文献资料都是缅文创制之后的遗物，更早时期的上古缅甸语因为没有文献可参照而在很长时间内并不为学界所知，直到1993年郑张尚芳与汪大年合作，用郑张尚芳的上古汉语语音的构拟成果解读《白狼歌》，① 得出了"《白狼歌》中的白狼语是上古缅语"

---

① 《白狼歌》是《后汉书·西南夷列传》中记载的一篇诗歌。它是东汉明帝永平（公元58—75年）年间，益州刺史大力宣传汉朝仁政，白狼、槃木、唐菆等部落纷纷"举种奉贡，称为臣仆"。三个部落作诗三章即《白狼歌》（《后汉书》所记为"远夷乐德、慕德、怀德歌"），歌颂了中央政权的统治，表达了他们归化汉朝的决心。

的结论，^①认为缅族的先民是古羌人的一支——"白狼"。

《白狼歌》包含两部分内容，一部分是中文四言诗，另一部分是用逐字对译的白狼语，白狼语当时没有文字，借用汉字来注白狼语的音。白狼歌原来被学界笼统地认为是一种古藏缅语，但到底是哪个民族先民的语言，过去在语言学界并没有定论。^②

郑张尚芳对《白狼歌》的研究结论意义十分重大，这一结论的提出使得缅甸最大的主体民族——缅族的起源问题取得重大进展，对于缅族起源的诸多说法中的"缅族起源于中国西北说"是一个比较有力的支持。

郑张尚芳先生对《白狼歌》的解读使我们了解到上古缅语的大致面貌。《白狼歌》距今已有1900多年的历史，可是它与1000多年以后12世纪初以妙齐提碑文为代表的中古缅甸语以及近2000年后的现代缅甸语相比较，还是有惊人的相似之处。

钟智翔接受了郑张尚芳对《白狼歌》的研究结论，他进而以语音发展为线索，辅之以语法、词汇、文体变迁为考量，将缅甸语的发展史分为5个时期：上古缅语时期、中古缅语时期、近古缅语时期、近代缅语时期、现代缅语时期，^③5个时期的划分在中国的缅甸语研究界被广泛接受。

---

① 郑张尚芳：《上古缅歌——〈白狼歌〉的全文解读》，《民族语文》1993年第1、2期。

② 马学良、戴庆厦：《〈白狼歌〉研究》，《民族语文》1982年第5期。

③ 钟智翔：《缅语语音的历史语言学研究》，上海交通大学出版社，2010，第54—59页。

（二）缅甸语语音的研究从共时和历时两个维度全面深入细致推进

由于语音对应关系在探讨亲属语言关系中的特殊重要性，语音的研究成为历史主义范式下的缅甸语研究的重中之重，在缅甸语的语音、词汇、语法三个层面的研究中，尤以语音的研究最为突出。缅甸语语音的研究体现了缅甸语研究的最高水准，是缅甸语研究高水平成果密集的示范区。

中国学者在缅甸语语音研究中尤其重视历史性原则，将现实语音系统与历史发展紧密结合，把语音放在共时与历时的交汇点上进行研究，对不同阶段的缅甸语语音发展的特点做平面描写和共时探讨，目标是勾画出缅甸语语音的发展轨迹，为藏缅语语音的演变提供历史发展线索，为谱系分类及共同藏缅语的构拟提供准确的依据。

汪大年的《缅甸语中辅音韵尾的历史演变》（1983）、《妙齐提碑文研究（一）——十二世纪初缅甸语音初探》（1986）是缅甸语语音研究的开山奠基之作，尤其是妙齐提碑文所代表的中古缅语是缅甸语古今变化的枢纽，对这一时期的缅甸语音进行的探讨搭建了沟通古今的桥梁，对缅甸语语音研究起着开创性的引领作用。从那以后的数十年中，不少学者投入这个领域，对很多问题都进行了深入的探讨，高水平成果不断涌现，分别涵盖了声母研究、韵母研究、声调研究三个方面，下面列举这三个方面的主要研究论文。

1. 声母研究

汪大年的《妙齐提碑文研究（一）——十二世纪初缅甸语音初

探》（1986）。作者从妙齐提碑文四百多个字节中归纳出辅音（声母）音位系统，指出早期碑铭所反映的古代缅语有着发达的声母系统，声母结构复杂。蔡向阳的《论缅甸语复辅音的演变》（1995）。该文从历时的角度论述了缅甸语复辅音的演变过程。钟智翔的《缅甸语复辅音辨》（1996）、《论古缅语复辅音的变迁》（1999）。作者深入探讨了古缅语与现代缅语语音系统中复辅音声母的结构类型及缅甸语复辅音声母的演变过程，指出缅甸语复辅音演变的总趋势是简化。蔡向阳的《论缅语清浊对立的历史变迁》（2005）。文章认为上古缅语拥有清浊对立，中古缅语的清浊对立消亡，转化为清辅音送气不送气的对立。但从中古开始的语言间的相互接触为浊音扩散提供了外部动力，清浊对立最终在现代缅语中得以确立。

2. 韵母研究

汪大年的《缅甸语中辅音韵尾的历史演变》（1983）。该文通过古缅文和现代缅甸语的比较，对缅甸语辅音韵尾的来源、演变作了探讨，认为韵尾的发展过程是一个不断脱落转化的过程，辅音韵尾的脱落导致了韵母结构的改变和声调系统的变化。潘悟云的《缅甸文元音的转写》（2000）。作者通过字形的讨论及与其他亲属语言的历史比较，对古缅甸语的元音系统进行了讨论，把古缅语的元音构拟为"a、e、i、ɯ、u、ɔ"6个，并各分长短。钟智翔的《论古缅甸语长短元音的形成与发展》（2002）。作者认为缅甸语语音系统内部发展的不平衡是缅甸语长短元音产生的前提，韵尾的不同导致松紧元音的产生，声调的产生促使松紧元音的进一步分化，出现了长短元音的萌芽。语言接触强化了长短元音的对立，从而导致长短元音最终确立，最后长元音演变成舒声调，短元音演变成短声调。

江荻的《缅甸语复合元音的来源》（2002）。作者借用元音空间理论讨论了缅甸语单元音演化为复合元音的过程，用周边性元音和非周边性元音演化特性来描绘元音的演化方式，指出长高元音音核随着周边性特征的转变逐步下移并形成复合元音。

3. 声调研究

缅甸语声调因其复杂性一直是学界关注和争论的焦点，袁家骅早在《汉藏语声调的起源和演变》（1981）一文中就论及缅甸语声调的发生和发展，汪大年的《论现代缅语的声调》（1986）、钟智翔的《论缅甸语声调的起源与发展》（1999），以及李永燧的《缅彝语声调比较研究》（1992）、《论缅彝语调类及其在彝南的反映形式》（1995）、《缅彝语调类：历史比较法的运用》（1996）等多篇文章都讨论了缅甸语的声调，对缅甸语声调的分类以及产生、演变提出各自的观点。

曾晓渝、陈平的《从妙齐提碑文溯缅语声调之源》（2000），通过比较妙齐提碑文与现代缅甸语以及亲属语言同源词的语音对应关系，论证了缅甸语声调的产生与古缅甸语韵尾的消失直接相关，指出现代缅甸语四声中的高降、短促二调导源于古代的促声，低平、高平二调则导源于古代的舒声。文章还根据各类韵尾演变情况的数据统计及缅文不同声调符号出现的时间先后，提出缅甸语声调经历了二声、三声、四声的发展阶段。中国学界关于缅甸语声调起源与演变路径的讨论也因此文而得到了一个能为各家共同接受的定论。

在以上缅甸语语音分类研究的基础上，钟智翔的《缅语语音的历史语言学研究》（2010）、岳麻腊的《十二世纪以来的缅甸语语音研究》（2010）两部专著可以被视为中国学界缅甸语语音研究的集大成之作，这两部专著集中讨论、描写和重构了缅甸语不同历史时期的语音体系，同时还研究、解释了缅甸语语音在历史发展过程中出现的各种现象，探求其历史发展脉络。

（三）对缅甸语发展演变的特点和规律有了更加深入的认识

随着对缅甸语语言描写分析的不断深入和缅甸语历史研究的逐步开展，学者们对缅甸语历史发展演变的复杂性有了更加深入的认识。

例如，现代标准缅甸语语音体系中有清不送气、清送气、浊音三套塞音、塞擦音、擦音的对立，它既不同于上古缅甸语的只有清浊对立，也不同于中古缅甸语的只有送气不送气的对立，现代缅甸语的塞音、塞擦音虽在语音系统中仍分清浊两类，但在具体词上保留浊声母的多为借词，本族语固有词较少。在与亲属语言的对应关系上，保留清浊对立的亲属语言的浊声母在缅甸语里一般不与浊声母对应，而与清声母对应；清声母则与送气声母对应。这种对应关系说明，缅甸语的塞音、塞擦音虽然也有浊音逐渐消失的趋势，但这种趋势并未扩散到所有词上，只有少数词还保留浊音。缅甸语这些仅出现在少数本族语词中的浊声母，后来由于借词（大多是英语和巴利语借词）的充实，在中古缅甸语中已经消失了很久的清浊对立在现代缅甸语中又得到了发展。这种语音发展中的"死灰复燃"

现象,[①]生动地说明了语言发展演变过程中有时又有曲折的"反常态"发展的一面。缅甸语中这种在其他语言里罕见的语言现象让我们对语言变化的丰富性、复杂性有了新的认识。

在缅甸语语音史的研究中，学者们认识到在语言演变的研究中要重视语言结构相关要素间的联系，认识到了语言发展中相关要素间的制约和补偿作用，认为在研究语音的历史发展时，要把声母、韵母、声调看成彼此相互关联、互相影响的一个整体进行动态研究。

如在研究缅甸语声调的产生与发展时，研究者发现，缅甸语声调与其他语音要素有着错综复杂的制约关系，声调作为语言结构尤其是语音要素简化的一种补偿，是后起的。声调的产生和发展经历了缓慢的渐变过程，与声母、韵尾都有着密切关系，缅甸语声母的清浊对立、送气不送气的对立是声调发展的前提条件，辅音韵尾是声调发展的关键，缅甸语的辅音韵尾分为促音韵尾（塞音、塞擦音韵尾）和鼻音韵尾两类，其中对声调产生有决定意义的是促音韵尾，它导致了缅甸语声调在中古时期的出现，形成了促声调和舒声调。韵母元音的松紧、长短在初期与声调起源相关。后来在一定的条件下，元音的长短又导致舒声调的变化，体现出声调发展的阶段性。缅甸语声调的发展经历了一个分化裂变的过程，这种分化主要体现在舒声调的发展上：祖调因为元音长短分化出子调，又因为语言接触再次分出次子调，最后演变成目前的状况。[②]

---

① 戴庆厦:《语言接触与浊音恢复——以缅甸语的浊音演变为例》,《民族语文》2011 年第 2 期。
② 钟智翔:《论缅语声调的起源与发展》,《民族语文》1999 年第 2 期。

（四）对古汉语的研究有着一定的参考价值

大量的缅汉同源词的存在是缅甸语与汉语的亲缘关系得以确立的可靠依据。缅甸语与汉语的亲缘关系意味着缅甸语和缅甸语方言中间就可能有着古代汉语不同层次的语言面貌的遗存。在通过古缅甸文字的记载进行语言历史的纵向比较和语言共时的横向比较来了解缅甸语音古今变化规律的同时，也可以将缅甸语和汉语的语言现象进行互相印证，从而推断出上古汉语的部分面貌，进而了解古汉语的某些变化轨迹，对古汉语是否有复辅音、古汉语是否有形态变化、古汉语是否也有屈折式使动范畴等有争议的问题做出相应的回答。这些可能性的存在引起了学者们的浓厚兴趣，在这种原动力的驱使下，不少中国学者投身于汉语和缅甸语的比较研究领域，取得了一批重要成果。

丁椿寿的《汉彝缅语比较研究》（1991）一书中作者运用音韵学、历史比较语言学、区域语言学等方法，对汉语、彝语、缅甸语的语音、词汇、语法进行了较全面的对比研究，作者提出要结合地理关系、历史关系以及相邻语言对某一种语言或方言进行全面系统的研究。

黄树先的《汉缅语长短元音比较》（2002）一文通过上古汉语和中古缅甸语的比较发现，虽然汉语和缅甸语同属汉藏语系，但缅甸语乃至整个藏缅语族的长短元音和汉语的长短元音是不同的，在发生学上是没有关系的。黄树先的《汉缅语的音节结构》（2002）一文通过比较上古汉语唇音加流音、喉牙音加流音声母的构拟形式与缅甸语的读音，提出早期的汉语和缅甸语以双音节词为主。黄树先的

《汉语缅语的形态比较》（2003）一文，首先讨论了一些学者已指出的古汉语文献中保存下来的古代汉语形态变化的方式，指出由于汉字不是拼音文字，汉语的屈折形态（语音交替形式）往往被相同的字形所掩盖，然后举出一些古汉语形态方式，并和缅甸语对应的形态方式进行了比较。他的《汉缅语比较研究》（2003）一书中，在前人基础上找出六百多对汉缅同源词进行比较，并对汉缅同源词的声、韵、调做了较为详细的比较，对缅甸语语音的历史演变提出了自己的看法。

汪大年的《缅甸语与汉藏语系比较研究》（2008）一书中最重要的部分是其"缅汉语言比较篇"，包括缅甸语与汉语的音节结构比较、缅汉两种语言重叠构词法的比较研究、缅汉量词的比较、缅汉两种语言在词序上的异同、缅汉两种语言中的否定形式比较、缅汉成语比较等方面的内容。汪大年的《缅甸语汉语比较研究》（2012）一书对缅甸语和汉语进行了全面的比较研究，从古今语音发展变化的历史和演变规律、词汇构成、形态以及句子结构等多方位的领域中，找出共性和个性，使人们了解到缅汉两种语言的共同发展规律，这些都是前人未曾做过的工作。尤其值得注意的是，书中列出了 1000 多对缅汉同源词（字），每个词（字）后注上古汉语词义（主要根据《说文解字》注释）、中古汉语语音、现代汉语语音、汉语部分方言（吴、粤、闽南）的语音，以及缅甸语上古拟音（11 世纪）、中古拟音（13 世纪）、现代缅甸语音（仰光音）、缅甸语东友方音、缅甸语茵达方音、缅甸语土瓦方音、上古汉语语音等 15 项内容，这可以让读者清楚地了解到缅汉两种语言的同源词对应和发展规律，为深入研究缅甸语和汉语的关系提供了有力的依据。

（五）促进了缅甸语言的田野调查

过去，受缅甸国情及客观现实条件的制约，人们对缅甸语方言及民族语言知之甚少、知之甚浅，加之大多数的少数民族没有自己的文字和文献记录，因而此类研究处在语言研究的"原始积累"阶段。中国研究缅甸语的学者普遍缺少田野调查经历，而这种局面导致原创性的研究成果难产，通过田野调查获得方言及民族语言材料成了提升缅甸语研究的必经之途。进入 21 世纪，随着语言调查的不断开展和语言材料的不断丰富，在共时描写基础上开展历史比较研究便成为缅甸语研究走向深入的直接动力。

汪大年的《仰光话和土瓦方言比较研究》（2000）、《缅甸语方言中的复声母后置辅音 r、l、j》（2005）、《缅甸语丹老方言与仰光话比较研究》（2006）、《缅甸语东友方言》（2007），钟智翔的《缅语刀尤方言研究》（2002）、《缅语茵达方言研究》（2003）等论文以及钟智翔的《缅语语音的历史语言学研究》（2010）、岳麻腊的《十二世纪以来的缅甸语语音研究》等作品中都使用了他们本人在缅甸进行田野调查时获得的第一手资料。特别是汪大年、蔡向阳的《缅甸语方言研究》（2018）一书是在对缅甸语的茵达方言、刀尤方言、达努方言、若开方言、土瓦方言、丹老方言、约方言、篷方言等 8 种方言展开系统调查之后写成的，书中有 8 种主要方言的调查描写、缅甸语方言的比较研究、8 种方言的词汇表等内容，可以让读者对缅甸语方言有全面清晰的了解，为深入研究缅甸语提供了有力的依据。

语言调查有利于掌握第一手的材料，第一手的材料是语言研究的源头活水，有利于取得原创性的成果。历年国家社科基金项目中以缅甸语为研究对象的 4 个项目中就有 2 个是语言调查方面的："缅甸语方言调查与方言比较研究"（2010）、"缅甸境内缅语支语言调查与研究"（2014）。小语种的语言研究要想获得国家级的社科基金项目立项十分不易，因为小语种的语言研究在理论层次上先天不足。而语言调查因为能以原创性的材料取胜，从而在语言学界备受重视，相对会有比较大的概率获得立项。

语言田野调查非常艰苦、工程量巨大。语言田野调查之前首先需要编制详细的语言调查手册，调查手册包括语音、词汇与语法三大部分，为适应缅甸的发音合作人，每个词条、句子都有相应的缅甸语。在调查记录得到的原始材料的基础上，宏观着眼，微观着手，步步展开，分别从语音、词汇、语法等角度对被调查的语言、方言进行全景式的共时描写，总结出各语言、方言的音系，以及各语言语音、词汇、语法等方面的特点和变化规律，然后通过这些语言的一些重要的类型特征，诸如音节结构、复辅音、元音的长短，以及辅音韵尾、声调和形态变化等的对比研究，深入了解缅甸语乃至汉藏语系的语音变迁和语言发展史。由于语言的发展不平衡性，这些语言、方言中不同程度地保留了汉藏语系各个历史时期的语言现象，它是汉藏语系和藏缅语族发展链中的重要环节，缅甸境内的语言调查和比较研究是汉藏语系研究中的一个重要的组成部分，对创造符合汉藏语系语言特色的语言学有着重要的学术价值。

语言调查是缅甸语研究中不可或缺的重要组成部分，但国内外对缅甸语的调查非常薄弱，因此对缅甸的方言及民族语言展开调查可以填补国内外空白。缅甸少数民族的语言兼用、转用情况比较多，有些民族的语言处于濒危状态，对这些语言展开调查对抢救濒危语言、留存民族珍贵的历史记忆也具有重要意义。语言田野调查过程中获得的第一手对象语言的人文、历史、风俗习惯等相关资料，也能为民族学、文化学等相关学科在相关领域的研究提供一些有益的珍贵资料。

三、缅甸语研究的多维度拓展及面临的问题

以历史语言学为主要研究范式的缅甸语研究取得的成就荦荦可观，一批学者投入到这方面的研究中，产生了一大批高水平的各类成果，论文类成果一般也都发表在核心刊物上。但从整体上看，这方面的研究大都没能跳出传统语言学方法的窠臼，这类研究的具体成果虽不断增加，但终因理论基础和方法论的制约，很难在相关学科的交叉点或结合部上形成突破。而且时至今日，历史语言学的发展已非常成熟，这个领域研究的高峰期已过，在这个领域取得成就的以前辈学者为主，年轻一辈要想在这个传统研究领域继续取得突破十分困难。且这个领域的研究对知识积累程度要求高，对新材料的依赖大，某种意义上已到了"材料为王"的时代，这个传统领域难出新成绩，难快出成绩，对年轻学者缺乏吸引力，造成这个领域在某种程度上后继乏人。

进入 21 世纪以后，缅甸语研究界的新生代越来越重视扩大语言研究的内容和范围、语言研究方法的借鉴与运用，不仅扩大了缅甸

语研究的视野，使得缅甸语研究日益呈现出百花齐放的局面，而且从某种意义上说也为相关学科的进一步发展提供了养料。

现代语言学越来越重视语言共性和个性的研究，语言共性的研究有赖于单一语言的深入探究，而单一语言的深入探究也需要从日益蓬勃发展的现代语言学中不断吸收新鲜的养分。随着中国与世界语言学界研究深度和广度的大幅拓展，各类成果呈爆炸式增长，对缅甸语语言研究的启发借鉴作用日益显著。我们知道，语言的研究不可能是孤立的，也需要多种社会人文科学的综合研究才能更加清楚语言发展的内在规律。尽管由于缅甸本国的学术研究欠发达，研究时能参考的原文成果十分有限，但研究者们在研究时引进了现代语言学的先进方法和理论，全面提升了对缅甸语各类语言事实研究的水准。虽然新时期缅甸语研究由于起点不高且力量分散，目前还没有取得特别大的成绩和突破，不过也呈现出以下三个值得关注和期待的特点。

（一）研究领域多向拓展

语言是由不同的要素组成，由于语言各要素的特点不同，采取的研究方法也会不同。随着学界对缅甸语研究的兴趣日益浓厚，对缅甸语语言事实的研究视野不断扩大，研究领域多向拓展，新的研究成果不断涌现。

这些成果既有语音、词汇、语法等传统研究层面的深度耕耘，又有语义、语用、篇章等层面的可贵探索。本文统计到的 228 篇论文中，除历史语言学范式类的 69 篇论文之外尚有 159 篇，这 159 篇论文题材广泛，涉及研究领域呈多向拓展的局面，文体、修辞、翻译、二语习得、语言接触、语言政策、语言教学、话语分析、语言处理等领域都被纳入研究的范围，这些研究让我们看到了缅甸语中的一些值得注意的语言现象，也会从不同角度对现实语言教学有所帮助。

不过，由于整个学科积淀还不深厚，研究人员数量少且力量分布不平衡，因此造成研究兴趣点分散、研究成果零散不成系统的问题，分散了语言本体研究的力量，除历史比较语言学以外的其他各具体领域的研究都还不够深入，蜻蜓点水、浅尝辄止的倾向明显。

（二）研究理论与方法趋于多样化，且越来越重视和其他社会人文科学的交叉融合

除描写语言学和历史语言学等传统研究范式外，类型学、文化语言学、社会语言学、系统功能语言学、认知语言学、计算语言学等研究范式在缅甸语的研究中也得到了运用。新时期的缅甸语研究随着语言研究内部分工的日趋细密以及与相关学科联系的不断加强，也越来越重视和其他社会人文科学的交叉融合。我们知道，语言的研究不可能是孤立的，也需要多种学科的综合研究才能更加清楚语言发展的内在规律，跨学科研究的优势就在于它能够利用相关科学各自的特长，在相关学科的接合部和交叉点上寻找新的视角，更全面深入地揭示缅甸语的特点及其发展规律，多层次、多角度地探索缅甸语的奥秘并在此基础上发展出了一些有意义、有价值的研究方向。

在现代语言学理论层出不穷的今天，以年轻人为主的缅甸语研

究界的新生代学者，探索运用各种新理论流派的观点进行研究，这类研究的尝试之作，其探索精神值得鼓励，但存在的问题也是显著的。（1）一些论文明显受到不同时期语言学界热点的影响，不成熟的短平快式的跟风应景之作较多。尽管这些作者热衷于追逐最新热点，但语言学界的热点传导至缅甸语研究则有时间落差，缅甸语研究整体底子薄、起步晚的现实状况造成这些论文很难站在理论的最前沿，也很难得到语言学界主流的认可与重视。（2）一些论文简单照搬的倾向明显，起高调子、摆花架子，与缅甸语语言事实结合不紧、结合不好，"两张皮"现象明显。（3）简单交叉彼此互证、零散片面的诠释和研究方法上的杂糅，很难形成相对独立的方法论体系，造成一些研究只能长期地徘徊在"边缘"和"外围"地带。这些问题的存在，直接影响了新时期缅甸语研究整体水平的提高，造成这类成果大多只能呈现在没有正式出版的学位论文以及一些低级别的刊物和论文集上。

（三）语言材料的获取方式和分析手段在互联网时代有了相应的跃升，语言信息处理研究开始起步

在互联网技术成熟以前，缅甸语的研究者只能从报刊、书籍等传统媒介中摘取有限的语言材料进行分析总结。随着信息技术的发展，研究者利用爬虫软件或代码脚本，能够较容易地获取到缅甸政府网站、主流媒体官网、大型社交论坛等平台中的大规模的真实语言材料，经过数据清洗就能转换为高质量的语言材料。一些研究者直接通过互联网下载或访问累积语言材料，搭建语料库，通过标注、

对齐等手段将丰富的语言材料进行管理。目前不少国内缅甸语研究者认识到利用语料库进行语言研究是一种非常有效的研究手段，基于汉缅、英缅等自建语料库进行研究，通过提供真实全面的语料支撑，使研究者获得更加细致深刻的语言理解和认知。此外，自建语料库也被用于语言对比研究、翻译策略研究、形态学研究等传统语言学的研究。

近年来，自然语言处理是语言研究领域的快速增长点，前景十分看好，国内关于缅甸语自然语言处理方面的研究也开始起步。不过，由于缅甸语与英语等西方语言不同，属于低资源语言，且词汇之间没有明显的边界，因此研究仍然十分薄弱，目前主要是基于汉缅双语语料，对平行句对抽取、词汇抽取、可比文档获取、词典构建、主题模型构建等方法进行相关的讨论和研究，而与缅甸语相关的分词、词性标记、指代消歧、句法分析等基础理论研究不够，基于规则或统计方法的研究成果十分稀少。目前，缅甸语自然处理这个领域的研究者多为计算机专家，缅甸语语言专家的参与度还很低。

从困境走向复兴的缅甸文学

——政治转型后缅甸文坛回顾（2011—2021）[①]

申展宇[②]

【摘　要】2011 年以来，伴随缅甸政治转型深入和社会持续发展，文学事业有长足发展，文学转向呈现。政府主导文学发展事业，为缅甸文学走出沉闷局面做出贡献。多个重要文学组织的成立与文学活动的举办，促进文学不断复兴。缅甸作家也积极走向域外，搭建文学交流平台。这一时期文学创作题材多样、形式纷呈，小说已成为当前缅甸文学中最流行的文体。市场化、欲望化语境对小说创作造成了较大的影响与冲击，但缅甸作家坚持创作的个性追求，井喷的乡土小说、政治小说、网络小说彰显了他们的创作实绩且产生了广泛的影响。强烈的现世精神、朴素的生存意志以及深沉的忧患意识是 2011—2021 年缅甸小说的三大重要精神维度，小说作品深深流露出对底层民众的深情关切、对世俗生活的美好追求，体现了对社会矛盾和生活危机中的忧患认知。这一时期的小说有着较为鲜明的地域色彩，更有着丰富多样的民俗画卷。诗歌艺术逐步衰微，现代诗歌勃兴发展，新旧诗体争论持续。

【关键词】缅甸文学；困境与复兴；文学转向；小说创作；新旧诗体之争

---

① 本文为国家社科基金重大招标项目"新世纪东方区域文学年谱整理与研究 2000—2020"（17ZDA280）阶段性成果。
② 申展宇，信息工程大学洛阳校区讲师。

自 1948 年独立前后蓬勃发展的"新文学运动"之后，缅甸文学界再没有出现开创性、革命性的文学实践活动。囿于特殊的政治环境，缅甸文坛在挣扎中缓慢前行。21 世纪后，作为衡量文学发展水平标杆之一的国民文学奖长篇小说奖曾有多个年度空缺，主流作家对社会生态和社会事件判断力下降，审美能力出现衰退之态，以往的审美经验和书写经验已然式微，作家群体呈现出疲惫和乏力的态势。浪漫主义的创作方法消逝，而批判现实主义的传统创作方法也有变异，作家不再轻易选用重大题材，更多关注琐碎日常。文学研究者认为，"现在文学作品质量呈现下降之态，小说、诗歌等作品出版的数量也呈下滑趋势"。① 2011 年，长久的军人执政局面结束。民选政府上台后，国家从长期的闭塞状态转向开始积极融入世界。缅甸在政治、经济、社会、文化等领域开始加速转型。与此相应，长期低迷不振的缅甸文学逐渐焕发生机。为尽快扭转文坛低迷局面，有效促进缅甸文学发展，缅甸宣传部在多个大城市的镇区图书馆定期举办文学沙龙，以推动缅甸的文学发展，提高缅甸人民的阅读量，增进人民的知识水平。前国务资政昂山素季于 2019 年在内比都、仰光、曼德勒举行三次规模隆重的作家见面会，邀请当地著名作家、漫画家和学者赴宴，代表政府对广大作家致以诚挚的敬意，呼吁作家们深入社会、服务人民，创作更多体现时代特色、弘扬联邦精神

---

① ဂျူး။ ၂၀၁၄။ "မြန်မာနိုင်ငံတွင် ရသစာပေအရည်အသွေးကျဆင်းလာခြင်းနှင့် ပြန်လည်မြှင့်တင်ရန် နည်းလမ်းများ" မြန်မာစာအုပ်လောက။ ရန်ကုန်၊ စိတ်ကူးချိုချိုအနုပညာ။ စာ ၅၀ .... မှ

和彰显民族文化的优秀作品。[①] 文学界也举办多项文学活动，如杜阿玛（ဒေါ်အမာ，1915—2008）、敏杜温（မင်းသုဝဏ်，1909—2004）等知名作家的诞辰纪念会和多届"诺贝尔—缅甸"文学节庆典等活动，其中一些影响巨大。从 2011 年至 2021 年十年间，缅甸文学逐步走出困境，呈现勃兴景象。

一、文坛发展动态

十年来，缅甸政府关注文学发展，不仅提高了国家级文学奖的奖金额度，还举办各种类型文学活动和"缅甸经典 100 卷"出版计划，助力文学发展。另外，政府还积极推动缅甸当代文学走出去，开展多渠道对外文学交流。

（一）缅甸文学宫助力文学发展

缅甸文学宫是宣传部下辖机构之一，总部设在仰光市，定期召集国内作家、学者举办文学报告会和座谈会，专门负责对缅甸文学发展现状的研究工作。为促进缅甸文学发展、维护传统文化与风俗、弘扬缅甸价值观，缅甸文学宫每年颁发国民文学终身成就奖、国民文学奖与文学宫文稿奖。国民文学奖对上个年度出版的书籍进行择优授奖，文学宫文稿奖对上个年度非知名作家的优秀文稿进行遴选并资助出版。经过 60 多年的发展，国民文学奖下设奖项已增至 18 个，如小说、诗歌、杂文、翻译文学等奖项，每个奖项每年仅有 1 人获奖。

---

① "နိုင်ငံတော်၏ အတိုင်ပင်ခံပုဂ္ဂိုလ်ဒေါ်အောင်ဆန်းစုကြည်နှင့် စာရေးဆရာများ မိတ်ဆုံညစာစားပွဲ ကျင်းပ"၊ ကြေးမုံ၊ ဩဂုတ်လ ၁၇၊ ၂၀၁၉။စာ ၆....မှ

文学官文稿奖也包括长篇小说奖、短篇小说奖、诗歌集奖、儿童文学奖、翻译奖、综合文集奖等 13 个奖项，各个奖项细分至数个等级，对获选作品分级授奖。授奖情况每年都有变化，往往会出现某个奖项或某奖项下的分级奖项缺失。另外，缅甸文学官从 2001 年起专门设置国民文学终身成就奖，以表彰那些为缅甸文学发展做出卓越贡献的老作家，2001—2011 年，国民文学终身成就奖每年奖励 1 位作家，从 2012 年开始，每年授奖对象增至 3 人。近年来，随着物价上涨，文学奖奖金也水涨船高。2011 年前，国民文学奖奖金是 30 万缅元，2011 年后涨至 50 万缅元，2012 年调高到 100 万缅元，2013 年再次增至 150 万缅元，2018 年达到 250 万缅元。文学官文稿奖的奖金原来是一等奖 15 万缅元、二等奖 10 万缅元、三等奖 7.5 万缅元，2011 年、2012 年连续两年提高奖金额度。从 2013 年起再次调高奖金额度，一等奖 70 万缅元、二等奖 50 万缅元、三等奖 30 万缅元。2018 年文学官文稿奖的奖金调整为一等奖 100 万缅元、二等奖 70 万缅元、三等奖 50 万缅元。国民文学终身成就奖的奖金设置之初是 60 万缅元，2011 年调整为 100 万缅元，2012 年调高至 150 万缅元，2013 年再次增至 250 万缅元，2018 年达到 500 万缅元。[1] 国民文学奖与文学官文稿奖这两个奖项作为当今缅甸文坛最高级别的文学奖，获奖作品具有文学创作风向标意义。这两个奖项在缅甸文学界是有着巨大影响力的文学奖，二者在文学评奖中都具有很强的代表性，历来备受关注。文学评奖为文学创作提供了必要的取舍与展

---

① "နိုင်ငံတော်သမ္မတ ဦးဝင်းမြင့် ၂၀၁၈ ခုနှစ်အတွက် အမျိုးသားစာပေတစ်သက်တာဆု၊ အမျိုးသားစာပေနှင့် စာပေဗိမာန်စာမူဆုချီးမြှင့်ပွဲ တက်ရောက်"၊ ကြေးမုံ၊ သြဂုတ်လ ၁၇၊ ၂၀၁၉။ စာ ၇-၈ .... မှ

示平台，也引导了文学创作的发展方向。

2015年民盟政府执政后，作家出身的宣传部部长佩敏博士一直致力于复兴缅甸文学的工作，政府在仰光、曼德勒、勃固等全国各大城市积极开展各类"文学节"活动，鼓励人民尤其是青少年培养良好的阅读习惯。同时，组织文坛大家和各界人士召开文学座谈会，号召专家学者挖掘、整理包括小说、诗歌、散文、戏剧在内的缅甸近现代文学作品，计划在数年内出版100卷有代表性的作品。宣传部从2018年开始主导并推行"缅甸经典100卷"计划，遴选范围是从缅甸文学肇始的蒲甘时期至2000年的优秀作品和经典著作，涵盖长篇小说、短篇小说、诗歌、戏剧等文类。计划发行25卷长篇小说集、4卷短篇小说集、3卷诗歌集、2卷剧本、1卷散文和3卷小说指南。这是一项对900多年来数量巨大的缅甸历代文学作品的一次规模宏大的择优遴选工作，堪称"世纪工程"，目的在于让新一代缅甸青年品读缅甸文学，体会经典著作的韵味情趣，深入了解传统文化和社会生活，洞察缅甸人民的思想与智慧，同时也为世界各国学者学习或研究缅甸哲学、文化传统、语言文学提供丰厚资料。2018年底，"缅甸经典100卷"第一、第二、第三卷出版，售价高达4万缅元，后续的第四、第五、第六卷按计划在2019年以后陆续出版。①最先面世的"缅甸经典100卷"中的第一卷收录了缅甸文学史上最早出现的3部现代白话小说，即詹姆斯·拉觉（ကျိမ်းစ်လှကျော်，1866—1919）的小说《貌迎貌与玛梅玛》（မောင်ရင်မောင်မမယ်မ，1904）、翁

---

① "အနာဂတ်နေ့ရက်များဆီ ပုံနှိပ်ရေးနှင့်ထုတ်ဝေရေးဦးစီးဌာန ရှေ့ဆက်ချီ"၊ ကြေးမုံ၊ မတ်လ ၃၁၊ ၂၀၁၉။စာ၇.....မှ

沙耶吴基（ဝန်စာရေးဦးကြီး，1858—1926）的小说《洋麻莱莱贩貌迈》（ချည်ပေါင်ရွက်သည်မောင်မှိုင်း，1904）与玛埃琴（မအေးခင，1866—1919）的小说《真实爱情》（ချစ်ရှိုးအမှန်，1907）。尽管价格昂贵，但仍吸引众多民众竞相购买、阅读。2019 年底，宣传部推出"缅甸经典 100 卷"中的第二卷长篇小说集，该集包含了吴腊（ဦးလတ်，1866—1921）的《瑞卑梭》（ရွှေပြည်စိုး，1914）、瑞乌当（ရွှေဥဒေါင်း，1889—1973）的《耶德那崩》（ရတနာပုံ，1917）、B. A 貌巴丹（ဘီအေမောင်ဘသန်း，？—1962）的《永恒的情谊》（ထာဝရမေတ္တာ，1920）。

（二）文坛大事

自从缅甸开启政治转型后，文学界举办多项活动力图扭转文坛以往长期的沉闷、低迷局面，积极倡导自由的创作风气，努力推动缅甸文学健康发展。这些文学活动意义重大、影响深远，为缅甸文学的发展营造良好语境，也为其后续发展注入源源动力。2017 年是这一阶段缅甸文学发展进程中极为重要的一年，该年文坛共有两项重大事件，将缅甸文学的勃兴运动推向高峰。

1. 成立"缅甸作家俱乐部"

2017 年 5 月 8 日"缅甸作家俱乐部"的成立，其宗旨是致力于缅甸文坛发展、维护作家权益。"缅甸作家俱乐部"在多个层面展开活动，包括翻译国内优秀文学作品并将其翻译成英文出版，与国外作家组织、团体建立联系，开展友好交往，借鉴外国文坛发展经验，开办文学培训班，培养新一代作家，努力创办标杆性的文学杂志，为青年作家打造一个良好平台，举办文学赛会与文学沙龙，吸引更多民众参与其中。① "缅甸作家俱乐部"是当前缅甸国内新兴的高水平的文学组织，该俱乐部入会门槛很高，要求会员须是各主要报纸杂志的总编辑、责任编辑，或是发表 5 部作品以上的作家，或是已发表小说、诗歌与其他文章总量达 150 篇以上的作家。俱乐部成立后，由冈丹（ကောင်းသန့်，生卒年不详）担任主席，著名当代文坛巨匠钦瑞乌（ခင်ဆွေဦး，1933—2019）、敏佑威（မင်းယုဝေ，1928—2021）、漆山温（ချစ်စံဝင်း，1940—　）、貌摩都 [မောင်မိုးသူ(ဘကြီးမိုး)，1937—2021]、貌钦敏·达努漂 [မောင်ခင်မင်(ဓနုဖြူ)，1942—　]、登伦（ဒေါက်တာသိန်းလွင်，1944—　）任名誉主席。"缅甸作家俱乐部"成立后，先后与日本、越南、尼泊尔等国作家组织建立联系，并翻译出版了尼泊尔作家协会推介的尼泊尔作家的诗歌集；邀请漆吴纽（ချစ်ဦးညို，1947—　）、貌达秋（မောင်သာချို，1955—　）、珠（ဂျူး，1958—　）等多位缅甸当代著名作家就如何提升写作能力开办讲座。

2. 召开全国"文学大会"

2017 年 12 月 13—16 日，缅甸作家协会、缅甸诗人协会、缅甸作家俱乐部、缅甸翻译协会等 11 个当今缅甸主要的文学组织联合举办了"文学大会"。② 时隔 55 年之后，缅甸文坛再次举办具有历史性意义的文学盛会，这是多年来缅甸文坛鲜见的重大文学活动。本次会议倡导"自由之文学、自由之声音"，号召作家直面当前缅甸文学发展困境，努力摆脱桎梏、抛弃成见，倡导自由风气。会议期间，

---

① ပြည့်စုံနေဝင်း，"စာပေဆိုင်ရာလှုပ်ရှားမှု များပြားခဲ့သည့် ၂၀၁၇ ခုနှစ်,"News-eleven，December 25, 2017, accessed March 22, 2022, http://news-eleven. com/ 28140.

② စာပေဗိမာန်၊ ၂၀၁၈၊ မြန်မာ့စွယ်စုံကျမ်းနှစ်ချုပ်(၂၀၁၈)၊ ရန်ကုန်၊ စာပေဗိမာန်။ စာ ၄၄ .... မှ

来自各省、邦的作家代表就"现代诗歌文化""当代缅甸长篇小说发展状况""当代诗歌特点""散文探究""少数民族文学的地位"等54个议题举行座谈，最终达成一系列的座谈成果。大会在缅文写作、作家培育、书籍出版、文学翻译等方面提出了指导意见，特别强调发展少数民族文学的重要性。

（三）缅甸文坛与国际交流

近年来，缅甸文坛与域外文学的交流和互动越来越多。得益于政府的倡导和推动，多位作家获得国际文学奖。缅甸在1997年加入东盟后便开始推荐本国作家参与东南亚文学奖评奖，此后每年都有一名缅甸作家获奖。十年来，貌盛温·布迪贡[မောင်စိန်ဝင်း(ပုတီးကုန်း, 1950—]、莱敦达苏漆（လယ်တွင်းသားစောချစ်，1941— ）、漆吴纽（ချစ်ဦးညို，1947—2019 ）与玛蒂达·山羌[（မသီတာ(စမ်းချောင်း, 1966—]等作家和诗人昂羌（အောင်ချမ့်，1948—2021）等先后荣获这一东南亚地区最具代表性的国际文学奖。另外，缅甸作家连续多年参与湄公河文学奖的评奖活动。2019年10月12日，第十届湄公河文学奖颁奖典礼在缅甸仰光隆重举行，缅甸作为本届湄公河文学奖的主办方，积极搭建湄公河流域国家与中国云南省作家间的文学交流平台，促进域内文学繁荣与地区和平。自2016年至今，纽通鲁（ညို့ထွန်းလှ，1953— ）、哥友贡（ကိုရိုးကွန့်，1955— ）、坡觉（ဖိုးကျော့，1940— ）、丁昂瑞（တင်အောင်ရွှေ，生卒年不详）和奈敏丹（နေမင်းသန်း，1945— ）等作家凭借各自的小说或诗歌作品荣获湄公河文学奖。

应中国政府邀请，2019 年 10 月 17—31 日，缅甸作家代表团一行 16 人访问中国南宁、北京和昆明等城市，该批缅甸作家包括奈温敏（ နေဝင်းမြင့်，1952— ）、奥比杰（ အော်ပီကျယ်，1959— ）、久佐（ ဂျိုဇော်，1957— ）、哥友贡（ ကိုရိုးကွန，1955— ）、貌达秋（ မောင်သာချို，1955— ）及女作家琴琴图（ ခင်ခင်ထူး，1965— ）、努努依 [နုနုရည်(အင်း၀)，1957—] 等当代著名小说作家、诗人。访问期间，代表团成员分别在云南大学等高校进行多次专场文学报告会。到访的缅甸作家还与昆明作家分享了他们的文学创作经验和思考，表示愿与昆明作家一道搭建交流平台，促进双方文学创作的积极交流和共同发展。[①]

二、文学转向

缅甸自政治转型时期至今，虽然仅有十余年时间，但文坛氛围和文学创作相较于过去有着巨大变化。具体表现在以下三个方面。

（一）文学创作、传播和接受领域的根本性转向

伴随着越来越多的新技术和新媒体进入文学场域，这一阶段的缅甸文学在文学创作、传播和接受的行为和方式上正悄然出现根本性变化。新生代作家群体呼之欲出，他们强调社会实践与文学贴合，作品也有一定的思想深度，且一改过去通过纸媒发表作品的惯例，

---

① 杨成群、张莹琳:《中国昆明—缅甸作家文学交流座谈会在昆举行》，云南网，2019 年 10 月 28 日，https://yn.yunnan.cn/system/2019/10/28/030505762.shtml，访问日期：2022 年 3 月 16 日。

文学创作和传播越来越向社交媒体或网络靠拢。新生代知名博客作家密久因（မြစ်ကျိုးအင်း，1981— ）擅长在有限的篇幅中构造精巧的故事情节来吸引读者，他的小说创作呈现出明显的散文化审美倾向，以人的心理情绪为结构基点，小说画面表现出跳跃的节奏和较大的时空跨度的特征，情节显得松散，叙述随意且自然。他的短篇小说集《在那个捕捉希望之光的下午》（မျှော်လင့်ခြင်းကိုမျှားတဲ့ညနေ，2018）中有 15 篇是博客小说，所涉题材十分庞杂，通过讲述海外旅行和工作经历表达生活体会以及对生命的感悟。尽管情节叙事因素弱化明显，但这些博客小说所负载的意蕴和内涵却相应深化，使得作品整体更接近真实的大众生活。另一位具有鲜明创作个性的女作家般都雅（ပန်ဒိုရာ，1974— ）的作品中不刻意流露个人情感，喜欢追求诗歌的词汇雕琢、语言修饰及句式搭建，但这并不意味着她的诗歌在思想性和内容性上有所逊色。她的诗歌集《螺号》（ခရုပစ်လောင်ချာ，2019）中所选的诗作大部分是人们常见的现代白话文诗歌，也包括少量的谨守韵律的传统诗歌，诗作言简意深，颇具人生哲理。

（二）文坛从闭塞状态开始转向开放和多元

文坛最具争议的两位作家——尼布雷（ညီပုလေး，1952— ）和珠（ဂျူး，1958— ）获得国民文学奖长篇小说奖是这一转向的最有力证明。尼布雷凭其传记体小说《刀锋上的甘甜蜜滴》（ထက်မြက်တဲ့ဓားသွားပေါ်ကချိုမြမြပျားရည်စက်，2016）获 2016 年国民文学奖长篇小说奖。这部小说主人公登莱是缅甸著名的外科医生，在医学界享有崇高声誉，被视为神话一样的存在。登莱出生于 1933 年，父亲是缅甸华人巨贾，青年登莱却未继承家业，而是走上从医之路。登莱性格秉直，爱打抱不平，因帮助遭受不公待遇的同事而得罪当权者，被安排到缅甸北部那加山区工作。在那加山区，登莱不畏艰苦、勤恳工作，为那加少数民族群众问病施药，并帮助他们发展养殖，摆脱贫困，受到当地人的尊崇和爱戴。由此，他的名字也从"登莱医生"变成了"那加族·登莱"。个人的名字之前被冠以某个少数民族的称谓，体现了作为当地少数民族的那加族对登莱医生的最高的崇敬。作者在小说中，以细致入微的人物刻画，将登莱从"医界神明"还原成一名既刻苦钻研医术又具有博爱仁心的"普通医生"。所谓的刀锋，即登莱手中的解剖刀。登莱使用解剖刀以娴熟的医术为病人祛病解痛，最终积来功德，也即所谓的甘甜蜜滴。《刀锋上的甘甜蜜滴》获奖的消息甫一公布，便震动缅甸文坛。小说作者尼布雷著作等身，获此殊荣也是意料之内，但仍出乎意料。第一，该小说为一名缅甸华裔树碑立传。数代华人积极融入缅甸主流社会，为国家发展做出卓越贡献，但作为少数族裔，仍会不可避免地受到不公对待。这部小说对杰出华人进行肯定和赞扬且获得公众认同，意义重大。第二，作者尼布雷特殊的家庭背景也引人注目。他的父亲是缅甸报业标杆性人物——《人民报》的创立人吴腊（လူထုဦးလှ，1910—1982），母亲则是誉满缅甸文坛的杜阿玛（ဒေါ်အမာ，1915—2008）。吴腊和杜阿玛都是左翼作家，他们创作了多部享誉文坛的佳作，但遗憾的是，由于特殊的历史原因，这对伉俪在一生中未曾获得任何国家级的文学奖。另外，尼布雷的一位兄长——波丹羌是位著名的政治异见者，因此，尼布雷在之前几乎没有获得过任何重要的文学奖项。所以，这部小说获奖被普遍认为是过去用政治有色眼镜来观察、评判事物的年代走向终结的象征。

珠是缅甸当代文坛颇具影响力的作家之一，也是一位颇具争议的女作家。其小说叙事手法深受西方文学影响，被誉为浪漫主义小说家。她的小说作品往往以其独特的职业视角审视人与社会，用冷静、客观的思维剖解时代困惑。珠的早期作品多是言情小说，后来的创作持续尝试题材多样化，关注女性问题、揭示女性心理，在文坛独树一帜。[①] 珠的小说，不仅娴熟地运用心理描写、象征、纪实与虚构相互渗透等艺术方法，而且通过不甚复杂的故事情节展现自我观点与精妙哲理，给人以人生启迪，因此深受广大年轻读者喜爱。珠的一些小说作品遭受质疑和争议，她笔下的小说角色有不婚主义者，有丁克一族，甚至包括挑战社会公序良俗的坏女孩。这些小说人物的言行与缅甸传统文化相左。珠的小说《用彩虹织成的披肩》（သက်တံတိုဖြင့်ရက်ဖွဲ့ချစ်သူရဲ့ခြုံလွှာ，2018）描写了居住在努透基镇区附近一个叫作妙瓦底的小村庄里数位女性的爱情和生活。珠在小说中不仅详细地讲述缅甸传统纺织艺术和披肩织造艺术，而且多角度展示了传统艺术背后的文化蕴含。珠在 2018 年一举斩获国民文学奖中最具分量的长篇小说奖，这不仅是对珠的高规格褒奖，更是对她长年坚持自由创作的最终肯定。

---

① 姚秉彦、李谋、杨国影：《缅甸文学史》，世界图书出版公司，2014，第 295 页。

（三）严肃文学转向大众文学，消遣文学大行其道，文学的功能发生巨大变化

长期流行侦探小说、惊悚小说、武侠小说等纯粹消遣性文学被主流文坛排斥，既不当作严肃文学，更不被看作文学经典。随着消费社会的发展，消费娱乐成为普遍的文化景观，读者更加注重文学作品的审美愉悦功能。坡觉（ဖိုးကျော်，1940— ）是以惊悚、冒险类题材小说见长的缅甸当代文坛著名作家。迄今为止，坡觉出版了共计 20 多部惊悚、冒险、恐怖题材的长篇小说和短篇小说集，作品数量多、影响也大。其代表作便是被认为不登大雅之堂的惊悚小说《海上逃生之旅》，这部叙述了一伙缅甸渔民出海捕鱼时不幸遭遇海上风暴，在经历种种艰险磨难之后成功逃出生天的惊险故事。其他的惊悚小说如《黑土与红血》（မြေဆီမဲမဲသွေးရဲရဲ，1972）、《森林迷失》（အလွမ်းကန္တာတောကန္တာ，1983）、《挣脱束缚》（အင်တွဲပွဲ့လျက်အ ရှာထွက်，1990）等都非常畅销，多次再版，深受读者喜爱。坡觉获得 2018 国民文学终身成就奖颇有为消遣文学正名的意味，这也表明当前缅甸文学发展从雅到俗，人们敬畏并敬仰的文学经典，已然转向了大众文学和消遣文学。

三、文学语境与小说创作

受外围环境变化和各种思潮的影响，缅甸文坛逐渐呈现出百花绽放的景象，小说仍是主要的创作形式，各类小说无论是在内容上还是在表现手法上，都较以往有很大发展。这一时期，小说已呈蓬

勃发展之态，数量井喷，题材丰富多样，反映国内政治事件、讴歌劳动人民、描写社会生活等现实主义题材的小说大量出现。一些小说打破了以往的政治禁忌，也有很多小说从专注弘扬传统文化转向对社会现实的解读，新兴作家脱颖而出，他们的作品体现出独到的视角和深刻的思想内涵。近年来，国家级文学奖经过严格的甄别、遴选，挖掘出一批兼具社会性与艺术性的小说佳作，这些获奖小说从某种层面上来讲可称为当代文学的标杆，也是透视缅甸文学的一个窗口。

（一）沉闷氛围中的知识分子书写

2011 年后，缅甸国内政治转型速度加快，政府逐步废除了新闻出版审查制度，准许书报出版自由。2012 年 5 月，政府宣布以后所有小说类出版物采取先出版后送审的审核办法，后来又宣布废除新闻审查制度。至此，缅甸实行近 50 年的新闻审查制度终结。[①] 政治、社会、新闻界等领域急遽转型，缅甸文坛也一扫以往的沉闷局面，开始重现活力，呈欣欣向荣之势。政局诡谲多变、时代风云变幻为作家创作提供了丰厚的文学素材，文学内容庞杂、形式多样，贴近生活、映射时代发展。

摩觉迎（မိုးကျော်ဝင်，1982—   ）的小说《捕鱼人》（ငါးဖမ်းသမား，2019）获得 2019 年国民文学奖长篇小说奖。摩觉迎是缅甸文坛新锐作家，2008 年，摩觉迎跟随同乡出国以海员为职业开始海上漂泊，

---

① 王勇、张建国、王磊：《缅甸民主转型期新闻政策的变化及对新闻事业的影响》，《学术探索》2019 年第 3 期，第 44 页。

随后陆续在杂志上发表多篇海外打工与生活题材的小说。这部获奖小说讲述了漂泊海外的缅甸籍渔业工人的一些鲜为人知的悲惨工作经历。作品采用第一人称"我"的声音和视角展现故事世界，把"我"和小说主人公——谬各各在丁甘遵镇区的火车上相遇后的聊天记录作为小说主要内容。谬各各向"我"讲述了他做海员期间的悲惨遭遇以及在海上作业时的艰辛与危险。谬各各大学毕业后为谋得高薪，遭受劳务公司欺骗而签下"卖身契"，从此走上苦难之旅。他本以为能得到一份体面工作，没想到上船后和其他几名缅甸籍海员每天被强制劳动，且吃着和狗食一样差的饭，生存环境极度恶劣。尽管如此，稍有不慎，工头就对他们拳脚相加。经历了长期的非人折磨和凌辱后，谬各各终于拿着可怜的微薄报酬返回家乡。小说语言平白质朴，符合人物职业特点。作者通过人物、悬念与冲突赋予小说生命力。其中，冲突贯穿整篇小说，推动了情节的发展。作者在小说序言中强调，这部小说重在描述那些遭遇人生厄运的缅甸船员，他们只是在海外务工的数百万缅甸劳工中的小部分群体，不具有广泛代表性，希望读者可以通过这部小说了解这个群体的工作情况和生活状态。在小说结尾，作者写道："有时候我会想起谬各各，每当想起他的时候，就会产生一个疑问，他到底是一个捕鱼人，还是他自己就是一条被锋利的鱼钩挂住的鱼儿呢？"作者的疑问引发读者深深思考，通过叙述海外缅甸船员这一不为常人所知的特殊群体的故事，引发读者对这个弱势群体的生活境遇的关注和怜悯。

都迪奥巴（သုတ်သြဘာဆင်ပေါင်ဝဲ）1978 年的短篇小说集《德寿善

寺庙》（တစ်ဆုပ်ဆ န်ကျောင်းအပါအဝင်အခြားဝတ္ထုတို့များ，2018）获得 2018
年文学官文稿奖短篇小说集一等奖。作品包括 16 篇短篇小说，"德
寿善寺庙"是其中一篇小说的篇名，"德寿善"在缅文中的意思是
"用手一抓的米的分量"，常用来比喻做布施时不在乎东西贵贱多寡，
有善心即可。在小说中，作者详细描述了当今缅甸农村地区的僧侣
们的贫困生活状态和群体感受。通过作者的描写，我们可以深入了
解僧侣和施主间的互动关系、法师圆寂后的丧事文化和农村地区的
传统风俗。都迪奥巴以一位僧侣的视角窥探乡村社会的发展与变迁，
表达了对佛像、贝叶经等珍贵物品保护失序的担忧，流露出对嗜酒
成性的乡村青年进行尽力劝谕后的惆怅和迷茫。都迪奥巴是一位极
具时代观的僧侣作家，他的小说内容新颖，用词简洁且不失文雅、
幽默频现，可读性很强。

（二）时代剧变中的精神向度

21 世纪缅甸小说已经走过 20 年的发展历程，但相对于缅甸小
说百余年的源流演变而言，无疑是短暂的，其精神向度显得较为淡
薄和与模糊。对 21 世纪缅甸小说精神向度与艺术品性进行审视，可
以发现其精神维度有两个特征：一是当代缅甸小说作者具有强烈的
批判意识、政治情结和民本思想；二是缅甸作家通过小说描写生命
阅历与生存体验，表达对家乡和故土的深沉热爱和眷恋。

亚敏妙埃（ယမင်းမြတ်အေး，1979— ）凭其报告文学《甜美的梦
与苦涩的生活》（အိပ်မက်ချိုချိုဘဝခါးခါး，2016）获得 2016 年国民文学
奖青年文学奖。这部小说化的报告文学，真实地再现了生活在泰缅

交界地区的难民群体的悲惨境地，这些背井离乡的难民的家园紧邻一处充满恶臭的巨大垃圾场，靠淘垃圾艰难谋生。亚敏妙埃的职业是一名记者，她以正义和良知担当媒体人的责任和使命，关注社会，记录民生。

鲁卡（လူခါး，1976—　）的小说《异国他乡》（မြန်မာပြည်အပြင်ဘက်，2017）获 2017 年度国民文学奖长篇小说奖。小说以在马来西亚过着颠沛流离生活的缅甸籍劳工为创作对象，通过冷静、细腻的语言陈述，展现这个特殊群体的艰苦生存环境，详细描写了他们面对不公待遇时的彷徨和挣扎。国民文学奖评选委员会对《异国他乡》的评价是，"通过这部小说，读者会发现我们的人民在异域他乡遭遇雇主和职场同事的恶意欺凌，甚至是他国的法律歧视。作者为我们呈现了海外同胞们的未知世界，读此小说令人动容和深思"。[①] 鲁卡曾在日本、马来西亚工作过，他将在马来西亚的缅甸籍劳工的打工生活作为题材创作了这部长篇小说。近年来，越来越多的缅甸籍劳工前往邻近国家或地区谋生，他们在异国他乡遭遇语言不通、文化差异等种种困境。究其原因，一方面，作为外来者，这些海外劳工是无力争取权利的弱势群体；另一方面，国别差异、城乡差异触发他们的情感错位。在小说《异国他乡》中，为引导读者了解这个特殊群体的生活状态以及他们在海外遭受不公待遇甚至是恶意欺压的悲惨经历，作者用鲜活、形象的文字记录了当代缅甸人从闭塞到开放的过程，以及从家园故土到异国他乡的艰辛经历，以真实性

---

① လူခါး၊ မြန်မာပြည်အပြင်ဘက်၊ မြေစာပေ၊ ရန်ကုန်၊ ၂၀၁၇၊၊စာ၃.....မှ

的笔触、原生态的信息，再现了漂泊在外的缅甸籍劳工们鲜为人知的生活，多角度反映了海外打工族的生存状态、情感世界和权利诉求。威亨（မင်းဝေဟင်，1978— ）的短篇小说集《月影下的乌云》（လရိပ်အောက်ကမိုးတိမ်မဲ့ဇင်းဝတ္ထုတိုများ，2016）获得 2016 年国民文学奖短篇小说集奖。这部小说集中的同名小说《月影下的乌云》讲述了失去土地的农民家庭的不幸遭遇。政府以军事管制的名义强制征收了仰光市郊的农田，导致少年羌达一家的生活陷入困境，羌达和他 10 岁的妹妹蓓蓓决定"偷"空心菜换些钱以补贴家用。兄妹两在一个漆黑的雨夜翻越军队修建的围墙，悄悄地潜入自家被军方占领的菜田，想趁雨夜偷些菜拿到集市上卖钱。不幸的是，蓓蓓在菜田的泥水里遭不明毒蛇咬伤，最终不治身亡，羌达用近乎疯狂的报复行动表达对妹妹无辜离世的愤怒和不满。小说通过鲜明的人物形象和扣人心弦的故事情节再现了缅甸前军政府时期社会底层农民群体遭遇不公待遇的社会现实，深深触动读者的心灵。

（三）立足当下的审美追求

文学具有地域性，作家生于斯、长于斯的地域对他们的性情气质、价值取向与才情发展有着直接的影响。当代缅甸作家紧随时代发展，不断尝试题材内容和艺术表现的创新。他们的小说具有鲜明的地域色彩，彰显了立足当下的审美追求。

青年作家哥伦波（ကိုလွင်ဘို，1987— ）在读初中时就开始发表小说、诗歌等文学作品，2004 年考入缅甸国防军医科大学，毕业后成为一名军医。他的长篇小说《如果没有爱》（မချစ်ခဲ့လျှင်，2017）

荣获 2017 年文学宫文稿奖长篇小说二等奖，文学宫文稿奖评奖委员会认为这部小说写作手法高超、情节引人入胜。小说的主人公医学院男学生敏奈和医学院女学生瑞努梭在下乡医疗见习的汽车上相遇，一段从青涩到成熟的爱情故事由此展开。最终，两人完成见习任务光荣地成为医生，曲折的下乡经历也是他们爱情的见证。纳摩阿尼秋（နတ်မောက်အနီချို，1946—　）的短篇小说集《路的尽头》（လမ်းဆုံတော့ရွာမဂ္ဂဇင်းဝတ္ထုတိုများ，2019）获得 2019 年国民文学奖短篇小说集奖。《路的尽头》共收录 13 篇短篇小说，选自作者十多年来在杂志上发表的作品，代表了作家的故事艺术。从主题上看，这些故事集中于缅甸现代女性的爱情和生活。同名小说《路的尽头》通过细致观察缅甸当代女性的现实生活状况，生动描写了她们在各自生活中的困惑和无奈，引发了女性读者的共鸣。作为一名女性作家，纳摩阿尼秋坚持以女性作为创作对象，为女性发声。她尤其关注缅甸当代女性的婚姻、家庭和生活，表现出对女性的关怀、同情与忧思。她笔下的缅甸女性细腻体贴，勇敢面对生活的无情与艰难。2019 年国民文学奖另一部获奖小说《雪山上的花园》（နှင်းတောင်တန်းကပန်းဥယျာဉ်，2019）的作者是年威·密达妙[ဉာဏ်ဝေ(မြစ်သာမြေ)，1994—　]。2015 年大学毕业后，年威·密达妙在缅北那加少数民族地区一所高中当老师，他结合自己的亲身经历创作了《雪山上的花园》这部小说。《雪山上的花园》讲述了一位来自下缅甸的高中老师在实皆省那加自治县拉海镇区潭巴奎高中（镇区和高中名称皆为音译）的生活和体验。潭巴奎高中坐落在云雾缭绕的山上，多年来一直没有学生能考上大学，教育水平相当落后。在小说中，作者把学生比喻成含苞待放的花朵，把潭巴奎高中看作一座培育花蕾的花园。他认为通过老师的辛勤施教，学生们终会走出大山，考上理想的大学。为了让花园里的花朵绽放，园丁们团结协作，怀着宽容和理解，克服交通不便和生活困难，努力改变那加地区落后的教育现状。通过这部小说，读者不仅可以了解那加地区的少数民族风俗习惯和生活状况，还能深刻体会到在那加地区支教的教师们的善心和努力。

政治深入转型和社会迅猛发展促使更多数量、更多题材的小说涌现出来，小说作为最受欢迎的文学体裁，大量贴近生活、倡导传统文化的佳作涌现，呈现出作家在这一时期的生活图景和精神世界。其中的优秀获奖小说映射了缅甸当代文学的发展轨迹。该时期小说创作表现出鲜明的现实主义色彩，如对政治生态中弊端的揭露，对农村与农民命运的关切，对知识分子立身处境的感慨。另外，一些小说在环境叙写、情节安排与人物形象塑造上都有着精彩的体现，表现出绵长不竭的浪漫精神。

四、诗歌式微与新旧诗体之争

当前，缅甸传统诗歌日渐式微已成趋势，现代诗歌成为诗歌主流。尽管如此，传统诗派诗人仍然坚持创作，并产生不少佳作。缅甸文学界也有意扶持、推介传统诗歌作品，避免传统诗歌被边缘化。

（一）诗歌艺术的式微

诗歌是缅甸古代文学中的主要构成，古典诗歌在文学创作中占据最重要的地位。20 世纪，缅甸诗歌开启现代化的历史进程，在各种诗潮、流派的交替影响和多元推动下，诗歌的发展出现了 30 年代"实验"诗派和 50 年代"达亚"诗派两次诗歌革新。1970 年，貌丁凯（ မောင်သင်းခိုင် ，1940— ）、貌乔努（ မောင်ချောနွယ် ，1949—2002）等诗人在《孔雀之声》杂志（ မိုးဝေ ）上发表一系列无押韵且词句自由的诗歌，被认为是缅甸现代诗歌兴起的标志。此后，传统诗歌（连韵诗）逐步沉沦，现代诗歌发展方兴未艾。如今影响力巨大的主流文学杂志如《妙瓦底》（ မြဝတီ ）、《薇达依》（ ငွေတာရီ ）之中，传统诗歌已难见踪迹。

进入 21 世纪，缅甸政治转型稳步推进，社会飞速发展，新媒体发展方兴未艾。伴随着各种思潮泛起，诗歌艺术似乎被视为是一种过时艺术，且逐渐沉寂、缺乏活力。2010 年"缅甸诗人行动组织"成立，并在 2011 年改称为"缅甸诗人协会"。该协会自成立后，在每年的世界诗歌日都积极响应并举办庆祝活动，印刷宣传品配合各项诗歌活动，2015 年首次在全国范围内征集诗稿，最终得以结集出版。缅甸诗人协会为了推广诗歌这一优美的文化形式的创作、阅读和出版，积极倡导诗歌爱好者回归吟唱传统，通过"宽容、和平、发展"等主题活动，与读者开展对话、拉近距离，让全社会重新感知和认识诗歌的价值。

在缅甸诗人协会的努力下，人们对诗歌的兴趣已有复苏之势，诗者人数、诗歌作品也有所增加。该协会继续采取行动，摆脱诗歌过时的形象，努力给予诗歌在社会中应有的地位。为庆祝 2015 年 3 月 21 日的世界诗歌日，缅甸诗人协会向全国诗歌爱好者征集诗稿，不限年龄、主题，经编辑后出版诗歌集——《2015年缅甸诗歌集》（မြန်မာကဗျာ，2015），书中包括了当代诗人的419首现代短诗。这部诗集诗歌数量丰富、题材多样，多角度反映了现实生活和社会文化，展现了缅甸当前社会生活丰富多彩、文化艺术多元并美的状况。这些短诗没有旧体诗的格律局限，在已有体裁基础上进行了大胆创新和创造，全面有效地记录历史、歌咏时代，也充分发挥了诗人即创作主体个性表达的多样化，以充分满足广大诗歌受众阅读趣味的多样化。

（二）新旧诗体之争

现代诗歌兴起后的四十年间，文学宫在评选诗歌集奖时却从未将现代诗歌纳入考虑范围之内，诗歌集奖的获奖诗歌仍是传统诗歌。近年来，为在现代诗歌和传统诗歌之间保持平衡，缅甸文学宫为它们专门分设奖项，皆予以授奖。直到2017年，"国民文学奖"诗集评奖委员会决定不再分设奖项，这一结果被视为现代诗歌对传统诗歌的完胜。著名现代诗歌诗人哥瑞（ကိုရွှေ，1958— ）凭其诗歌集——《沧海桑田的仰光与大丽花》（ရန်ကုန်ကိုအလစ်မပေးနဲ့ဒေလီယာကဗျာများ）成功斩获2016年国民文学奖诗集奖。《沧海桑田的仰光与大丽花》诗歌内容毫无传统诗在格律上的束缚，形式奔放自由，以白话语言叙述当前仰光市的状况，"曾经纳凉的大树，消失了。曾经著名的建筑，消失了……仰光，已沧海桑田"。同时，作者又巧妙运用比喻和排比，描绘仰光当下的社会现实，"仰光，就像秃鹫嘴里叼着的肉块。瞬间，被撕裂成碎块。群鹫在碎肉上起舞。人们互相追猎，这就是仰光！人们互相夺食，这就是仰光！……仰光，已沧海桑田。时不时就有游行，时不时就会断电，仰光，已被撕裂"。诗歌最后部分说，"哦，仰光！都说她已经现代化；哦，仰光！都说她已超越了时代"。但诗人强调的重点不在于歌颂现代化仰光，整篇诗歌充斥着他对仰光沧海桑田般的变化所流露出来的挣扎和困惑。

缅甸当代著名诗人，现代诗歌的开创者、践行者柏梭威（ပိုင်စိုးဝေ，1944—   ），他的诗歌相对于传统诗歌而言，在体式、音节、语言方面都有很大的解放，显示出新的特色。为纪念柏梭威诞辰 75 周年，《柏梭威诗歌集》（ပိုင်စိုးဝေကဗျာပေါင်းချုပ်，2019）收录了 1977 年以来作者在各类文学报纸和杂志上发表的诗歌作品以飨读者，诗歌集包括 134 首短诗和 10 首长诗。柏梭威的诗歌记录平时点滴生活，或为感于物而作，没有格式和韵律羁绊，形式自由，直率陈述，语言平白，意涵丰富。柏梭威早期的诗歌多是意境幽美的写景抒情短诗，积极开掘和探索人生的意义，映照出时代的投影，在思想感情的表现上尤为真挚细腻新颖，显得别有意味。后期的诗歌更多通过比喻、象征意义来体现思想情感，在看似平淡的生活叙述中，不经意间流露出诗人的理想志趣。

面对现代诗歌越来越大的优势，传统诗派诗人表达出困惑和担忧。第十一届湄公河文学奖获得者——传统诗派诗人奈敏丹（နေမင်းသန်း，1945—   ）从 19 岁时开始创作诗歌，他的诗歌韵律严整、语言凝练、情感充沛、形象性强，以丰富的现象集中反映时代印象、社会生活和人民的精神世界。奈敏丹曾在 1984 年出版过一部诗集，但后来一直再没有作品面世。2019 年，奈敏丹将数十年的诗歌作品精选后出版了第二部诗歌集《七十五年人生路——奈敏丹的诗歌》[(၇၅) ရုပ်ပုံလွှာနေမင်းသန်းကဗျာ，2019]，该部作品也为作者赢得了第十一届湄公河文学奖。湄公河文学奖由各国文坛征集参赛作品并决定获奖人选，奈敏丹获奖可视为文坛对传统诗派的某种补偿和依旧重视。作为传统诗歌创作的坚守者，奈敏丹认为当前缅甸诗歌尤其是传统诗歌面临困境，有被边缘化的趋势，他呼吁文学界和读者群体关注诗歌发展，努力营造良好的诗歌氛围和文学市场。[①]

传统诗歌有相对完整的美学范式，在传统诗者和民众中间一直保持较高接受度，但作为过往时代的产物，也容易与现代社会"水土不服"。尽管现代诗歌脱离格式和韵律束缚，受到年轻读者的追捧，但传统诗歌依旧保持一定热度。时至今日，新旧诗体之争仍无定论。

五、结语

通过对 2011—2021 年缅甸文坛重要文学活动和文学发展情况的梳理和分析，我们可以发现，缅甸文学事业走出困境，持续呈现蓬勃发展的良好态势。一方面，政府一如既往地支持和推动文学发展，继续推行经典文学著作再版计划，出版业持续繁荣，文学类书籍数量稳步增加，各类文学作品如雨后春笋般出现，诗歌和小说精品不断涌现。多项重要文学活动意义重大、影响深远，为缅甸文学的后续发展注入动力。另一方面，缅甸文坛整体氛围更加开放和自由，作家们关注民生，多角度探索和剖析庞杂繁复的发展现象和社

---

① မျိုးဝင်းထွန်း(မုံရွာ)။။။။"ကဗျာကောင်း တစ်ပုဒ်ဆိုတာ ခေတ်တွေစနစ်တွေကို ကျော်လွှားနိုင်ရမယ်၊ သက္ကရာဇ်ကို ကျော်လွှားနိုင်ရမယ်"，https://myanmar.mmtimes.com/news/148186.html，访问日期：2022年7月15日。

会问题。国家级文学奖评选和授奖更具权威性和代表性，也更加公正，对扭转缅甸文坛长期低迷局面起了引导和激励作用。一众新生代作家的脱颖而出是年度文学官奖最具新颖之处。文坛名宿出版新作，新生代作家成就可喜。小说作为最受欢迎的文学体裁，数量丰富，但亟待更多贴近生活、倡导传统文化的佳作涌现。现代诗歌发展后来居上，传统诗歌的黄金时代已然不再。面对当前疫病和政治动荡，缅甸文坛发展前景充满变数，但我们充满期待，希望缅甸文坛继续健康发展、持续复兴。

从日常网络社交用语看
社会通用缅甸语在网络空间的变异与发展

庞俊彩 ①

【摘　要】随着全球化的日益发展，互联网的使用已经几乎无所不在。网络社交成为当下重要的交际渠道，尤其是疫情暴发后，网络联系、交际的频率激增。互联网进入缅甸的时间相对较晚，但也跟其他所有国家一样，网络的使用逐渐增多，网络上也出现了许多有别于现实社会通用语的独特交际用语，这些交际用语属于社会方言范畴，其本身并不是由独立而完整的语音、词汇和语法系统构成的，只是在社会通用语的基础上进行的一些人为变异。那么，探索缅甸语在网络空间中的这些语言变异现象及发展特点，将有助于我们更为深入地了解当代缅甸语的发展变化情况及其背后隐藏的文化意蕴。

【关键词】缅甸语；网络社交用语；语言变异

　　语言是人类进行交际的重要工具，传统的语言交际工具有口头语言、书面语言、手势语言等。随着社会的发展，尤其是现代科技的进步，互联网已经成为当今社会一个极其重要的社会现象和社会存在，或者说是一种特殊的社会形态。这种社会形态与现实社会有着千丝万缕的联系，基于现实又高于现实，既是现实社会的映射与

---

① 庞俊彩，信息工程大学洛阳校区东南亚南亚北非系博士生；云南大学外国语学院讲师。

翻版，又是现实社会的拓展和延伸。[①] 网络语言作为信息时代的产物，其发展变化乃至变异使用都有着鲜明的时代背景，影响语言变异的因素也是复杂和动态的。[②] 目前，缅甸的互联网使用者已经是一个相当大的群体，而这个群体在网络空间所使用的交际语言，与现实社会生活中的通用交际用语相比，其产生的环境、类型、构成方式、表意等都有其自身的独特之处。本论文以缅甸常用社交平台上出现的部分日常交际用语为例对缅甸语在网络上的变异发展情况进行分析。

一、缅甸日常网络社交用语产生的基本理据

上网者的网上行为是通过媒介机器和符号实现的，但这种行为仍然是由它的主体——人所表现的。网上行为是通过符号刺激来影响他人，或者说与他人进行互动的。有时可能仅仅是与网上的符号进行互动，但这些与之互动的符号，仍然是由人所制作的。网络上人们之间的联系，已经构成了一个全新的社会关联形式。网络上的行为是心灵接触、思想接触、情感接触，都是符号化的，或者说，都是通过符号交流、互动的。[③] 词汇是语言生活中最活跃的因素，社会生活中的任何发展变化，都会在语言的词汇里留下一定的痕迹。要解读这些符号化的语言形式，我们还是要回归到现实的社会中寻找根源。

---

① 吉益民：《网络变异语言现象的认知研究》，南京师范大学出版社，2012，第1页。

② 林纲：《网络语言学教程》，科学出版社，2018，第137页。

③ 郭玉锦、王欢：《网络社会学（第三版）》，中国人民大学出版社，2017，第3—4页。

任何事物的发展，往往都是内因和外因共同推动的结果，语言也不例外。

（一）缅甸日常网络社交用语产生的内在因素

语言的发展，主要由其内在的发展因素在推动。缅甸日常网络社交用语的产生，亦是在语言自身发展的内在推动力和语用群体的心理需求与创新意识等因素影响之下产生的。

1. 语言自身发展之需

缅甸语跟其他所有语言一样，发展至今，无论是在书写还是在语音、词汇、语法、语义方面，都处于不断演变和发展中。[①] 这是语言发展的内在需要在起作用，也是语言发展的必然选择。

2. 语用群体的心理需求和创新意识

人是一个能动的主体，这种能动性表现在语言的使用中便是语言在使用中经常被创新。[②] 网络上活跃的群体以青少年为主体，青少年往往更具有创造力和想象力，创造出来的网络用语多有违背常规语言规则的现象，表现出了任意性、随意性，而且还具有不稳定性等特征。也可以说，这是一种网络空间中民众特殊的心理表达需求，具体表现为快速、求简、宣泄、展现自我、个性诉求以及寻求对社会问题、社会现象的表达等。但正是这种求新求异的心理需求，不断推动着网络上新的语言形式的产生与发展。

---

① မောင်ခင်မင်(နေပြူ)။ ၂၀၁၂။ မြန်မာစကား မြန်မာစာ ရုပ်ပုံလွှာ။ စိတ်ကူးချိုချိုစာပေ။ စာမျက်နှာ ၁၃၇-၁၃၄၇။
② 夏中华:《面向多种媒体的当代汉语流行语研究》，中国社会科学出版社，2016，第41页。

（二）缅甸日常网络社交用语产生的外在因素

除了内在因素，缅甸日常网络社交用语的产生，也离不开互联网媒介、计算机字体的统一、社会政治经济的发展变化以及其原有的一些文化根基等因素的推动。

1. 互联网媒介的推动

互联网于 2000 年在政府严格限制下引入缅甸。[①] 随着计算机、手机等各种电子产品在缅甸的普及，缅甸文字信息处理技术迅速发展。从 2011 年 9 月开始，缅甸民众可以十分便捷地浏览脸书、推特和美国之音等境外网站。2013 年之后，大部分缅甸民众拥有了手机。

随着新冠肺炎疫情的暴发，缅甸加快了数字化进程。据 2020 年初的一份调查报告，截至 2020 年 2 月，缅甸总人口为 5423 万，其中手机持有数为 6824 万，人均持有 1.26 部手机，互联网使用人数达到 2200 万（互联网使用者均为社交媒体用户），互联网普及率达 41%，脸书用户达 2100 万。[②] 由此可见，缅甸民众通过手机上网已经成为日常生活中重要的一部分。

2. 计算机字体的统一

2019 年以前，缅文在计算机上有多种流行的字体，如 Wininnwa 系列、Zawgyi 系列和 Myanmar 系列等，它们编码不同，各有优劣，

---

① OpenNet Initiative, "Internet Filtering in Burma in 2005: A Country Study," opi.net, May 10, 2007, accessed April 2010, http://opennet.net/research/profiles/burma.

② DigitalDots creative digital agency, *Digital in Myanmar 2020/ Report from Datareportal*, accessed January 2020, https://www.digitaldots.com.mm/digital-in-myanmar-2020-report.

五花八门，互不兼容是常态。字体多、编码不同的问题，造成了两个难点：读不了，难输入。如现有 Zawgyi 字体的文本，要是电脑上未安装该字体，就会出现读取不了的情况，需要安装该字体或者转码方可正常读取；另外，如有输入字体的需要，还得安装特定的输入法。因此，字体不统一的情况确实给网络上的文字处理带来了较多的不便。2019 年 10 月 1 日起，缅甸全国开始统一使用万国码（Unicode）。缅甸是世界上最后一个采用万国码的国家，可以说缅甸政府大力推动缅甸文字编码转型是缅甸语走向国际化的里程碑。[①] 万国码的出现和统一，使得缅甸文字在计算机上的输入问题得到了解决，发送信息过程中的乱码现象逐渐减少，这对缅甸网络语言的发展起到了较大的推动作用。

3. 社会政治经济的发展变化

可以说，2011 年在缅甸历史上是重要的一年。[②] 2011 年缅甸政治转型，开启民主道路。新政府上台后，大力推行政治改革。经济上设定新的经济发展目标，开启了新的发展模式。[③] 这为缅甸网民在网络沟通交流方面提供了相对自由、便捷的网络环境资源，同时政治经济方面新的变化也为网络空间交际语言的发展注入了新活力，提供了保障。

---

① 宁威、吴婷：《缅甸文编码趋向统一》，载国家语言文字工作委员会组编《世界语言生活状况报告（2021）》，商务印书馆，2021，第 61 页。

② ၀င်းတင့်ထွန်း။ ၂၀၁၆။ မလင်းနိုင်သေးတဲ့ဗမာပြည်၊ လင်းတော့မှာလားဗမာပြည်။ ယဉ်မျိုးစာအုပ်တိုက်(၀၀၄၄၁)။ စာမျက်နှာ ၃၃၅-၃၃၇။

③ 祝湘辉：《缅甸政治转型研究》，中国社会科学出版社，2019，第 62—77 页。

4. 文化根基

网络社区为人们提供了一个知识获取、分享和利用的平台，已经成为用户交流经验、学习讨论、解决问题和建立知识的有力工具。[①] 网络空间就像是一个大熔炉，是一个知识杂烩的地方。网络空间汇聚了各年龄段、各行业、各领域、各国家的人群，共同创造出来的网络空间文化丰富多彩。缅甸文化最先是由骠、孟、缅民族文化融合发展而来的，在形成初期就有着较强的吸收他族文化精华的属性。在殖民时代西方外来文化侵蚀缅甸传统文化时，以佛教为主的缅甸文化进行了抵抗，在最大限度上保持了自己的特性。在长达一千多年的时间里，缅甸文化一直遵循了这样一条规律：在保持自己文化独立性的前提下吸收他族文化之长，以使自己的文化能得以继续传承和发展。[②] 即便是在全球化发展的今天，缅甸文化的这种延续性和包容性依旧得以保持和发展，这也为缅甸网络社交用语中那些丰富的外来词得以广泛使用和传播奠定了深厚的文化根基。

二、缅甸社交平台上呈现的交际用语类型及构成方式

本论文所指的缅甸网络日常社交用语，主要指在脸书（Facebook）、飞书信（Messenger）、抖音海外版（TikTok）、照片墙（Instagram）、推特（Twitter）、油管（YouTube）等社交平台上进行

---

① Ahmad A., Feng C., Ge S., et al., "A Survey on Mining Stack Overflow: Question and Answering (Q & A) Community," *Data Technologies and Applications* 52, no. 2 (2018): 190-247.

② 钟智翔、尹湘玲:《缅甸文化概论》，世界图书出版广东有限公司，2014，第37—38页。

网络交流时所使用的日常交际用语，指人们在互联网媒介上进行交际时所使用的"不同寻常"的语言新形式，包括通过语音、词汇、语法变异而成的词、句等。[①] 通过观察和归纳总结，缅甸网络上常用的社交网络用语主要有以下几种类型。

（一）从构成形式上的划分

在缅甸社交平台上常用的社交用语类型，主要有减缩类、合音类、变音类、谐音类、拟声类等。

1. 减缩类

从本质上来看，减缩类词语的采用，主要是受控于人类的认知表达经济性需求所致。缅文是拼音文字，在录入过程中，目前为止还只能遵照"辅音符号→元音符号→声调符号"这样的先后顺序依次输入，方可呈现一个完整的音节字符，如："စား"（动词"吃"）这个音节，需要通过敲击"စ→ာ→း"三步骤[②] 方可得到，暂未能实现整个字符一次性录入。每个音节都需如此录入，显得比较烦琐。因此，在网络交际过程中，为了能更快速地输入想要表达的信息符号，网民们就想到了借形减缩、字母减缩等方式进行创制和呈现。如：

"ကျိကျိ" 表示"看，你看，看看"。与原本的"ကြည့်ကြည့်"相比，"ကျိကျိ"不仅与其发音完全一致，在电脑录入上，"ကြည့်"需要敲打五次按键方可完成，而"ကျိ"只需要敲击三次便可实现，更加快速便捷。

---

① 李玮：《中国网络语言发展研究报告》，人民出版社，2020，第 6 页。

② 按照 Unicode 输入法的输入键位，分别对应 P → M → ; 三个键。

"ကျေးကျေး"表示感谢时的用语，完整的应用"ကျေးဇူးတင်ပါတယ်"，但为快速表达感谢之语，采取缩减为两个字符的"ကျေးကျေး"形式，简短且显得亲切，常用于关系亲密的朋友之间。

"ကြုံကြွား"本指"逢人必吹嘘之人"，从"ကြုံတိုင်း ဝင်ကြွားသူ"中选出了核心的"ကြုံ"（遇到，遇见）和"ကြွား"（吹嘘，吹牛）两个动词词素构成缩减表达。

"ချိုမ"来自"ချစ်ရပါသော ယောင်းမ"，用于亲密的女性朋友间，相当于"亲爱的、亲爱哒"。如某女孩发帖祝闺蜜生日快乐：

ချစ်ရပါသော ယောင်းမလေးရေ

Happy birthday

ပျော်ရွှင်ပါစေ

"ချိုမ"源于一首良渊时期的缅甸"အိုင်ချင်း"（全声调）诗"စိတ်နေမြင့်သူ"（作者：佚名，也有学者认为是"တောင်တွင်းရှင်ငြိမ်းမယ်"）的前面两句："ချစ်တဲ့သူငယ်လေ... သူငယ်ချင်းကောင်း၊ ယောက်မတို့လေ...॥"，该诗主要描述古时一位缅甸年轻姑娘丰富的内心世界。[①]日常聊天中，女性网友就将其减缩为"ချိုမ"使用。而关系亲密的男性朋友间用"ချိုဖ"即"ချစ်ရပါသောယောင်းဖ"，也是在"ချစ်ရပါသော ယောင်းမ"的基础上创造使用的，目的在于与"ချိုမ"这个称呼形成对应关系。可见，过去的文学作品也可能成为今日缅甸网络上年轻人交际用语的创作素材。

缩略形式，在缅甸语中叫"အတိုကောက်"，缩略形式其实并不是刚

---

① ပြည်ထောင်စုသမ္မတမြန်မာနိုင်ငံတော်အစိုးရ॥ ၂၀၁၆-၂၀၁၇ ပညာသင်နှစ်॥ မြန်မာကျာလက်ရွေးစင် အဋ္ဌမ တန်း॥ အခြေခံပညာသင်ရိုးညွှန်းတမ်း၊ သင်ရိုးမာတိကာနှင့်ကျောင်းသုံးစာအုပ်ကော်မတီ॥ စာမျက်နှာ ၆॥

出现的语言表达形式，在常规的缅甸语表达中也较为常见。[①] 这样的缩略形式同样被延伸到了当今的网络社交用语中，如：ကမ = ကောင်မ（女孩子）；မယက = မယားကြောက်（妻管严）；ဆပ = ဆက်ပြော（继续说，但这个缩写更多用于表示粗俗的詈骂语"စုပ်"的变异缩写形式）；နမဆပ = နောက်မှဆက်ပြော（后边再继续说，同样也用于表示粗俗的詈骂语"နင့်မေစပ်"的变异缩写形式）；မအလ = မအားလို့（由于没空，这个简写还被用于表示詈骂语"မအေးလိုး"）。上述这些字母为简写，都分别提取了原单词各音节中的一个辅音字母组成，在电脑录入过程中更方便快捷。但它们往往在不同的语境中代表不同的含义，脱离具体的语境，则有可能引起歧义。

2. 合音类

合音类主要体现了简洁性。原本是比较长的单词或词组甚至短句，通过合音的方式达到书写和语音上都简化的目的。这类词的产生，跟语流音变尤其是缅甸语讲话人的语速有较为密切的关系。我们在用语言进行交际的时候，总是一个音紧接着一个音说的，各个音连续不断，形成了长短不等的一段段语流。语流内的一连串音紧密连接，发音部位和发音方法不断改变，有时难免相互影响，产生明显的变化。[②] 在这种情况下，语言的发音就会受到影响。一般情况下，语流音变可分为不自由的音变和自由的音变，其中自由音变随

---

① 缩略形式在常规缅甸语中十分常见，一般取原单词、短语或专有名词中的辅音字母作为缩写成分，具体例子可参见北京大学东方语言文学系缅甸语教研室：《缅汉大词典》，商务印书馆，2009，第1257—1260页。

② 林焘、王理嘉：《语音学教程（增订版）》，北京大学出版社，2013，第143页。

语言环境和个人习惯而不同，而且说话速度对自由音变的影响是最大的。很多缅甸人说话速度都较快，一些音节在语流中就有了发生音变的可能，这也成为此类合音词汇在网络社交用语中得以出现的重要依据。例如，"မာကျန်း" 即 "ဒီမှာ ကြည့်စမ်း"，"看这儿！"的意思，原本四个音节，合成了两个音节。前两个音节的合音中，第一个 "ဒီ" 音已经完全消失，第二个音节的 "- o" 音也脱落，只保留了 "မာ"，而后两个音节的合音中取前一个音节的二合辅音 "ကြ" 和后一个音节的元音 "-မ်း" 来构成。由此，单独使用 "看！看！" 的时候，网民们会采用 "ကျန်းကျန်း" 来表示 "ကြည့်စမ်း ကြည့်စမ်း" 的意思。另外，也有另一种表达，即 "ကျန်း"，这种合音通过增加一个高平调的符号 "-း" 来表示重复一遍。如果想要起到更大的强调作用，可以通过增加多个 "-း" 的方式来表示，例如 "ကျန်းးးးးးးးး"，这个符号数量越多就表明需要强调的情感越强烈。

"မွင်းခါး" 即 "မုန့်ဟင်းခါး" 的合音形式，即 "鱼汤米线"，是缅甸的一道美食。原本是三个音节，合音后，第一个音节 "မုန့်" 和第二音节 "ဟင်း" 合并成了 "မွင်း" 这个非常规形式的音节，在读音上变成了 "မွ+င်း" 的组合，是 "မုန့်ဟင်း" 在语速加快时得出的音。最后的 "ခါး" 音节保留不变。

"စာပွဲ" 即 "စာမေးပွဲ"，"考试"，原本三个音节，"စာ" 保留不变，而 "မေး" 和 "ပ" 在发音过程中极易合成一个音节，因而将第二个音节中的辅音 "မ" 和第三个音节的元音 "ွဲ" 进行结合变成 "ွဲ"。

"မ" 本身是一个形容词。[①] 合音形成的含义与其原词义无关。

"ျား" 来自 "ဘုရား" 的合音形式。"ဘုရား" 在缅甸语中表示名词 "佛、佛像、佛塔"，还用作称呼 "高僧" 时的称呼语，也用作表示感叹、惊讶等的感叹词，意为 "天啊"。"ဘုရား" 根据常规发音规则，第一个音节不发原来/ဘ/的音，而是将原来的浊辅音变为送气清辅音/ဖ/后，轻读变为/ဖ/音，最后合起来念成 /ဖယား/。在语速较快的情况下，就形成了 /ဖ/ 和 /ရ/ 音的合并，带上元音和声调最终形成 /ျား/音。"ျား" 在常规缅甸语里既可作名词，也可作动词，[②] 只是本意与该网络用语无直接关联。正常情况下，跟僧侣交谈时回应 "တင်ပါ့ဘုရား" 是指俗人所说的 "ဟုတ်ကဲ့ပါ" 的意思。网络上用 "ျား" 指代某些不受尊重的僧侣，如用 "တင်ပါ့ျား" 则表示对某些或某位僧侣的德行不满，一是搞笑，二是讽刺。

"ခေး" 指 "ကလေး၊ ကောင်မလေး"。原为 "儿童，孩子" 的意思，在缅甸语中有两种发音，按照发音规则，第一种是将首音节轻读后变成/ကလေး/，第二种是将首音节从不送气的 /က/ 变成送气音 /ခ/，然后同样轻读变成 /ခလေး/。"ခေး" 这个网络交际用语则是由第二种发音合成演变得来。可以表示 "儿童，小孩子" 的意思，网络上更多地被男性使用，用于亲昵地称呼自己的女朋友，或用于关系亲密的男女朋友间，表达效果如英语中的 "baby"（宝贝，宝宝，宝儿）。

---

① 关于 မ̌，参见北京大学东方语言文学系缅甸语教研室：《缅汉大词典》，商务印书馆，2009，第 731 页。

② 关于 ျား，参见北京大学东方语言文学系缅甸语教研室：《缅汉大词典》，商务印书馆，2009，第 594 页。

上述合音类现象在缅甸语网络社交用语中使用频率较高，首先是缘于语流音变的效果；其次在文字的输入上也比原本的文字量少了，经济性原理同时得以体现；最后，能满足网民创新求异的交际心理。

3. 变音类

"ရေးတော့အမှန်၊ ဖတ်တော့အသံ"，意即"书写要正确，发音要准确"，道出了缅甸语中音和形的差异性。追溯缅甸语的变音规律，历史已很久远。从缅甸语声母系统的历史发展看，目前将其演变过程分为上古、中古、近古、近代、现代等几个阶段。[①] 简单来说，我们主要指的是按照正常的缅甸语语法规则进行的变音现象，常说的轻读、浊化、鼻化、非鼻化等方面的变化就是其中的变化规律。变音现象在缅甸语中十分常见，虽有一定的规律可循，但也比较复杂。在常见的变音规律影响之下，网络交际用语中也出现了一些非常规的变音变异现象，通过这样的方式以达到求新求异的目的。

例如，"အဇန်း"即"အရမ်း"。本是表示程度副词"很，非常"，将第二个音节浊化成"န်း"，在发音规则中本不该浊化，却被网友故意浊化了，起到一种搞怪的强调作用，也更突出了夸张、讽刺等的表达心理，如"အဇမ်းဘဲ"是"အရမ်းပဲ"的变音形式。

"ဇိုး"源于"ဆိုး"的浊化形式，"ဆိုး"是形容词"坏的，糟糕的"的意思。网民故意通过这种变异的音形方式，用来表示"坏人"的意思。如"ကောင်ဇိုးလေး"指"ကောင်ဆိုးလေး"，实指"ယောက်ျားလေး"，

---

① 钟智翔：《缅语语音的历史语言学研究》，上海交通大学出版社，2010，第240页。

意为"(坏)男孩",多用作女孩子撒娇式地称呼男朋友或跟自己暧昧的男性朋友时的一个称呼语。

"ဗရမ်းဗတာ"标注的书写形式应为"ပရမ်းပတာ"(毫无章法,混乱不堪),第一和第三个音节均不是塞音浊辅音"ဗ",但按照常规变音规则,发音时要发成 /ဗရမ်းဗတာ/,发音和书写的差异,让部分网友"傻傻分不清",最后将错就错,按照发音的样子进行书写,将"ဗရမ်းဗတာ"当成"ပရမ်းပတာ"来使用。这样的情况又如"ကျွန်တော်ဖက်"(我这边)、"မင်မင်တို့ဖက်"(管理员那边)中的"ဖက်",规范的书写应为"ဘက်"。①"ဖက်"中的辅音属于送气清塞音,"ဘက်"中的辅音则属于塞音浊辅音。但"ဖက်"和"ဘက်"在使用过程中本来就比较容易混淆,口语中常会将"ဘက်"读成 /ဖက်/,当然,从发音的经济性原则角度看,发"ဘက"确实会相对费劲,于是网友们在书写形式上直接跟着口语发音走,也是将错就错。

4. 谐音类

借助语音相同或相近的条件,由一个词联想到另一个词,形成一种同音替代的关系。如"ဆင်",其实是指女性专用的人称代词"ရှင်",而不是指常规缅甸语中的名词"大象"。"ဆင်"和"ရှင်"是辅音不同而元音、声调相同的两个音节,"ဆင်"中的辅音"ဆ"属于单辅音、送气清辅音,"ရှင်"中的辅音"ရှ"属于二合辅音、舌面硬腭清擦音,在发音上听着相近但实际不同。一般情况下,"ရှင်"是女性专用,女性发出的这个音和男性发出的这个音是有区别的。

---

① မြန်မာစာအဖွဲ့။ ၂၀၁၃။ မြန်မာစာ မြန်မာစကား(အဋ္ဌမအကြိမ်)။ နေပြည်တော်၊ မြန်မာစာအဖွဲ့။ စာမျက်နှာ ၂၈-၃၀။

190

一般男性想完全发得此音并不容易甚至不可能，因而，"အခြောက်"（人妖、两性人）这个群体在模仿女性所发的"ရှင်"音时，往往会发出"ဆင်"的效果，从而达到调侃、讽刺等的表达效果。

又如数字类谐音，本体为缅甸语，谐体为数字。例如，"၆၀"表示害怕。数字"၆၀"的发音为"ခြောက်ဆယ်"，与"ကြောက်တယ်"（害怕）构成谐音对应。又如，"၈၀"即"ချစ်တယ်။"，"爱、喜爱"；"၈၅"是"ချစ်လား။"，"爱吗？喜爱吗？""၈၃၄"表示"ချစ်ချစ်တုံးလေး"，是情侣间的亲密称呼，例如，"ချစ်ချစ်တုံးလေးကိုကို၊ ကိုကို့ရဲ့ချစ်ချစ်တုံးလေး"，类似于"宝贝、小宝贝"；"၉ လောက်ရှိ"通常用于比喻"已经是最高水准"；"၁၀၆ ၁၁၀"指"အလုပ်အကိုင်မရှိ"，"无业游民，没有工作的人"；"၅၄၂၃၁၁ ၈၀"表示"ငါလ နှင့်ကို သိပ်သိပ် ချစ်တယ်။"，"我非常非常喜欢（爱）你"。以上这些均属于通过谐音的方式将数字和语音对应，既能达到音的相似，又能简化输入。在聊天或留言中，用这些数字符号代替聊天的内容，在增强趣味性的同时加快了聊天速度，提高了聊天效率。

5. 拟声类

拟声类用词是模拟自然界声响而造的词，跟常规语言中所采用的拟声词形式差不多，只是随意性更明显，个性更突出。如"ခိခိ။ ခစ်ခစ်။ ဟိဟိ။ ဟဟ။ ငိငိ။ ၄၄။"都表示笑的时候发出的声音，在拼写上，"ခိခိ"是一个打破传统拼写规则的符号；"ဲ့။ ဲ့ဲ့။"表示无奈苦笑、哭笑不得等；"တိၶ်"表示无语反驳时的感叹，类似"呵呵"。又如，"အိုင်းစ်"是夸赞自己或别人很了不起、很厉害的时候用的感叹；"ဒရှိ ဒရှိ"或"ဒချို ဒချို"表示开心、兴奋时发出的感叹；"ဖြ"表示哭声，通常表达有些委屈无奈时带来的难过（但并非真正的难过）；
"မွဲစိမွဲစိ။ မွဲမွဲ။ မွဲမွဲ။ မား:::။ အာ ့း:။ အာ ၁ဘွ၁၁:::::။ အာ ့၁၁၁၁၁:::::::::။" 表示
模仿亲吻的声音。

（二）从来源上的划分

根据词的来源划分，缅甸语词汇可以分为固有词和外来词两大
类。外来词的类型中，除巴利语词外，数量最多、借用范围最广者
当推英语词。[①] 在现实社会交际中如此，在网络交际中亦如此。此外，
全球化的今天，缅甸语依旧不断在吸收他族文化，网络用语中也继
续受其他外来语言的影响。

1. 英语词

英语词汇大量涌入缅甸主要有两个原因。（1）历史上，英国曾
在缅甸进行殖民统治长达 60 余年，英语取代缅甸语成为缅甸的官方
语言。这使得缅甸语为了生存不得不大量吸收英语词汇。（2）20 世
纪以来，全球一体化进程加快，国际间的各种往来增多，英语作为
一种国际语言起着越来越重要的作用。[②] 随着科技的发展和全球一体
化建设的推进，语言接触导致缅甸语中直接借用英语词汇的情况也
日益明显。[③] 不难发现，在缅甸人的日常交流中夹杂着大量英语使用
的情况已经是家常便饭，这样的现象也同样影响着人们在网络上的

---

① 钟智翔：《缅甸语言文化论》，军事谊文出版社，2002，第 96 页。

② 同上。

③ မွဲန်မွဲန်အောင်၊ ဒေါက်တာ။ (၂၀၁၈) ။ မျက်မှောက်ခေတ် မြန်မာဂျာနယ်များတွင် အင်္ဂလိပ်စကားသင်္ကေတရော
သုံးမှုကို လူမှုဘာသာဗေဒရှုထောင့်မှ လေ့လာချက်။ Myanmar Academy of Arts and Science (MAAS) XVI,
no. 6B.

使用。

例如，"ဆယ်လီ"即"celebrity"的简写形式，原指"名人，名流，明星"，用以指在网络上走红、被关注度高的人，"ဆယ်လီ"为英语单词"cele"的缅文转写形式，不带有其他附加含义，与日常的转写方法是一致的。网络中的英语词借入，除了传统的转写方式，也有一些新奇的转写形式。

例如，"ခရ"来自英文的"cute"，表示"可爱，漂亮"的意思。有意思的是，这个拼写刚好与缅甸语动物类名词"ခရ"（即"ခရုကောင်"，指有钙质硬壳的软体动物，如"螺""蚌""贝"等）的拼写发生重合。如"ခရလား။"通常情况下，是指由"名词+လား"构成的一般疑问句，提出"是螺？是蚌？是贝？"的问句；在网络上则并非此意，而是问你"漂亮吗？可爱吗？"，是将英文形容词对应的缅甸语"ခရ"与缅甸语一般疑问句句尾助词"（သ）လား"（口语中可以省略သ）组合构成，是一般疑问句型。又如，"ဆိုးခရ"即"so cute"，英文程度副词"so"修饰形容词"cute"，而在缅文转写过程中"so"与"ဆိုး"对应，"ဆိုး"在缅甸语中有"坏，劣，恶；染色"的意思，乍看似表示"坏螺（蚌、贝）"，实则表示夸赞人"太可爱，太美丽"，增添了幽默的趣味。"အိုဗာတင်း"为阿华田饮料"ovaltine"在缅甸语中的转写名称，在网络上被用来形容"过了，过度反应"等意思。这款最初源自瑞士的阿华田产品因一直坚持使用未经加工的自然原料而广受欢迎，在缅甸亦如此，可谓尽人皆知，广受欢迎。因为英语在缅甸语中的使用深入到日常生活的方方面面，所以为很多"巧合"创造了机会。英语中的"over"（"很，太；超过"等意思）

转写成缅文恰好是"အိုဗာ",如"အိုဗာလွန်းတယ်။"(形容话说过头了的情况),"အိုဗာဆိုက်"(即"oversize",形容某人过胖了)。"တင်း"在缅甸语中是"(弦、筋等)紧,(把弦、螺丝、发条等)弄紧"等意思,"အိုဗာ(over)"和"တင်း"这半英半缅组合起来,意思就是"超级紧绷",进而演变成不同语境下的"过了,过度反应"等意思。这既是英语被借入缅甸语的表现,也恰巧借助了阿田华的知名度,一边是人尽皆知的"饮料"名称,一边是英语词的借入,让人感觉"怎么读怎么顺口",从而起到了"懂的人都懂"的表达效果。

"ဘီလူးကား"指"黄色影片"。最初来自英语的"blue film"或"blue movie",一开始有英语意译词与缅甸语词结合的"အပြာကား"(蓝色+影片)组合词,因缅甸语中"ဘီလူး"一词的发音与英文的"blue"在发音上十分接近,后网友直接用"ဘီလူး"(缅语词,表"罗刹、妖魔"的意思)与"blue"对应起来。

由此可以发现,与传统英语词借入的表现形式不太一样的是,如今的网络用语中网友们不仅通过传统的缅文字符转写方式来进行转写,同时也在创新性地运用缅甸语的其他原有语素来创制内涵更丰富的转写,不仅达到转写本身的功能,还富有创意,增添了更多的附加内在含义,充分体现了现代缅甸年轻人求新求异求个性的社交心理。

2. 巴利语词

公元前 3 世纪佛教传入缅甸后,[①]缅甸语就不断受到巴利语的影

---

① 钟智翔等:《缅甸概况》,世界图书出版广东有限公司,2012,第 100—101 页。

响。巴利语借词语义或不变，或扩大、缩小，或以概念隐喻的方式发生转移，填补了缅甸语中有关抽象概念的语义空白，并成为缅甸语意译西方科技、文化相关概念的重要工具。①

一方面，缅甸语中的巴利语借词较多，但相比而言，除了部分已经深深植入日常缅甸语中的巴利语，大部分巴利语在书写、发音方面都比较复杂，偏书面化，如"အာစ"，源自"အာစရိ/အာစရိယ"，一般指"老师，师傅"。原本是三个或四个音节的单词，被缩减成了两个音节，其中第二个音节和第三个音节合并成了一个，即取了第二个音节的辅音"စ"和第三个音节的元音"-ာ"构成。这个词不仅在网络上使用，在现实社会日常交际中也有使用，一般用于表示"老板、大哥、师傅"等，但一般不用于表示学校里的"老师"。又如，"ရုဇေက္ကာ ပုဏ္ဏား"，该词可分成两部分来看，"ရုဇေက္ကာ"即"ရုဇေကာ"，比原单词多了个叠字，本指本生经故事中一个贪婪的婆罗门的名字，也用来喻指"贪吃的人"。"ပုဏ္ဏား"是"婆罗门"的意思。网络上，沿用了单词原意中"贪吃的人"的含义，引申出形容那些"只要不用自己掏钱，请吃什么都会吃的人"，讽刺那些"贪图便宜、贪心的人、想不劳而获的人"等，如可说这个人"ရုဇေက္ကာ ဆန်တယ်။"。巴利语中，类似的叠字词较多，不仅发音较难，书写和含义上也比较晦涩难懂，很难大量进入缅甸人的口语和日常生活，因此这类词在网络上的使用频率相较而言也比较少。

另一方面，虽说随着科技的进步，人们对世界的理解日益加深，

---

① 张哲：《缅语巴利语借词研究》，《亚非研究》2020 年第 1 期。

所触及的领域也越发广阔精微，但是缅甸语的常用词汇远远不能完全表达人们对世界的新认识；人们在接受新文化、新科技的同时，反而求助于传统，用巴利语词汇来表达对先进知识概念的理解，既体现了民族文化自信，又表现了对外来文化的抗拒。[1]但在缅甸，互联网正式进入的时间较晚，之后又经历了严格的管控，网络发展较为缓慢，而 2010—2020 年这 10 年是网络发展活跃而快速的 10 年。真正在网络上活跃的缅甸年青一代主要是在 1990 年后出生的年轻人。缅甸拥有传统的寺庙教育，但并非进入寺庙当小沙弥、和尚等的这类群体都要求严格系统地学习巴利语，而普通学校教育中，除了专研缅甸语专业的学生，大部分人都不会专门系统地去学习巴利语。这也可谓是巴利语在网络交际中使用较少的另一原因。

3. 汉语词

中缅两国山水相连，两国许多民族跨境而居，各民族在文化上包容性强，名物制度方面存在差异。[2]过去，旅缅华侨与缅甸人通婚，促进了中国文化与缅甸文化的融合。中国文化与缅甸文化同属东方文化，两国文化并行不悖。[3]随着文化交流不断加深以及华人华侨的推动作用等，尤其是在中国大力推进"一带一路"倡议的背景下，缅甸华人华侨通过各种媒介发挥着解释中国政策的独特作用。[4]2020 年初，习近平主席访缅，两国共同提出了中缅命运共同体，两

---

① 张哲：《缅语巴利语借词研究》，《亚非研究》2020 年第 1 期。

② 和少英等：《云南跨境民族文化初探》，中国社会科学出版社，2011，第 18—23 页。

③ 姜永仁：《缅甸华侨华人与缅甸社会与文化的融合》，《东南亚》2003 年第 4 期。

④ 刘金卫：《缅甸华人华侨与一带一路建设》，《商》2016 年第 10 期。

国往来日益密切。在这样的背景之下，汉语词汇被借用到缅甸语中也是语言接触下的自然表现。

"ဂျင်းထည့်"中的"ဂျင်း"来自汉语音译词"姜"，名词"ဂျင်း"（姜）与动词"ထည့်"（放）的结合，直译是"放入姜"的意思，借助"姜"这种食物的味觉感受，比喻听到了伤人、令人难受或具有欺骗性的言语（或做出的相关行为）时而感到像吃到了姜一样热辣辣的难受之感。"ဂျင်းကောင်"指说了让人难受、伤人、欺骗性等话语的人；"ဂျင်းအကြီးစား"指说了让人难受、伤人、欺骗性等话语或做出的相关行为。

"လောပန်"或"လောင်းပန်း"，汉语音译词，指"老板"，在中缅经济、商贸领域使用较多，随之转到网络上使用，也指称那些在缅甸经商的华侨华人或在缅甸投资做生意的中国人，后也用于缅甸人之间表示"老板"的称呼语。

"ပေါက်စီ"本是中国面食中的"包子"的音译词，随着包子这种面点的传入而传入，在缅甸使用已久，在网络上也被网友用来指代女性的胸。

"အီကြာကွေး"指"油炸鬼"，即"油条"，来自汉语的音译词"油炸桧"。网络用语中曾指男性生殖器官，现在更多被用来表示"မိတ်လိုက်"（交尾，交媾）[1]的概念。

除了上述三种常见外来词借词，缅甸语网络用语中还有来自韩语、日语、印地语等的词汇，如来自韩语的"အိုပါး"（哥哥，帅哥）、

---

[1] 关于မိတ်လိုက်，参见北京大学东方语言文学系缅甸语教研室：《缅汉大词典》，商务印书馆，2009，第688页。

"၊ ယောပေါ"（亲爱哒）等。

三、缅甸网络社交用语是变异的语言现象

社会通用缅甸语在网络社交平台上出现的不同程度的变异现象，既有语音的变异，也有词汇、语法、语义、书写符号等方面的变异。

（一）语音的变异

缅甸语的网络交际用语中，也呈现出了借助语音的改变，表现出标新立异、简捷生动、怪异独特的形态特征，主要表现在合音类、变音类、谐音类等变异方式上。这类语音，虽由于变异产生了自己独特的发音，但所表达的意义并没有改变。除了上文中的例子，我们还可以看到很多类似的语音变异词：သားကြီး/သယ်ရင်း/ ငယ်ချင်း = သူငယ်ချင်း；ဘွီး = ဘုန်းကြီး；လုပ်ပျိုက်မှာ = လုပ်ပစ်လိုက်မှာ；အၡ = အွဲဒါ；အၡဆွင် = အဲဒါဆိုရင်；ကျော် = ကျွန်တော် ；ကွကို/ကွကိုယ် = ကိုယ့်ဘာသာကိုယ်၊ ကိုယ့်ဟာကိုယ်；ကွီး/ကိုရီး/ကော်ရီး = ကိုကြီး；ဉေး:::: = ညီလေး；ညလေး = ညီမလေး；ကျန်တေးရယ် = ကျန်သေးတယ်；လပျိုကြီး = လူပျိုကြီး；တိဘူး = မသိဘူး；တဲ့ = အသည်း(အသဲ)；ကျောက် = တစ်ယောက်； ဒေါင်းဖား=သူတောင်းစား；ပိတ်သတ် = ပရိသတ်； ဘွတူ = ဘဝတူ；သက်လား = သိလား；ဟုယား = ဟုတ်လား；ဟုဟု = ဟုတ်ဟုတ်；ဟျောင်/ ဟျောင့်/ဟယောင် = ဟွေ့ကောင်；ဟွာ = ဟိုဟာ；ဟွာလေ = ဟိုဟာလေ；ပျဇီ/ပျဇေ = ပါရစေ 等。

缅甸语在网络社交用语中的这些变音现象，也充分体现了网民们以下的心理需求：第一，联想的心理需求；第二，标新立异的心理

需求；第三，求简的心理需求；第四，幽默诙谐的心理需求；第五，吸引眼球的心理需求；等等。

（二）词汇的变异

在日常社交网络空间上，最具特色的莫过于网络词汇，这在缅甸语案例中也不例外。网络上产生了大量的流行语、新词语、个性化用语。如缩减类、外来词类等均属于词汇的变异情况。

缩略形式，在缅甸语中叫 "အတိုကောက်"，缩略形式其实并不是新创的语言表达形式，在社会通用缅甸语表达中也较为常见。[①] 这样的缩略方式同样被沿用到了当今的网络社交用语中，如前列举的"ကမ""မယက""ဆပ""နမဆပ""မအလ" 等。

传统缅甸语中借入了大量的英语词汇，总结下来主要有三种形式：（1）直接借用；（2）用缅文字符转写；（3）直接借用加缅甸语词素成分共同构成。在网络用语中，这三种形式均有延续。直接借用即直接把原本的英文词语引入，引入时可能是全称，也可能是缩写（如 FA = forever alone；RS = relationship），都较为常见。用缅文字符转写的如：ခွက်ဒစ် = credit；ဘောစ် = boss；ရှူးဂါးဒယ်ဒီ = sugar daddy；ရှူးဂါးမာမီ = sugar mummy；ယူယူးရှ္ဘာရိန်း = you use your brain；တော်ကီမန်း = talky man；စင်ကယ် = single；အိုင်ဒေါ = idol；ဖောရှော = for show；ဂျန်းဇက် = gen Z（generation Z）；ခရက်ရှ် = crush；အင်းနီးစန့် =

[①] 缩略形式在常规缅甸语中十分常见，一般取原单词、短语或专有名词中各音节的辅音字母作为缩写的主要成分，具体例子可参见北京大学东方语言文学系缅甸语教研室：《缅汉大词典》，商务印书馆，2009，第 1257—1260 页。

innocent；အိုဗာဒိုင်း = overtime；စမာကလာ = smart girl；ရိုတယ် = romantic；
ပလော်ပလန် = problem；ဖျန်/ဖရင့် = friend；ဘဒို = brother；မုမု = move；
ဒိုင်/ဒိုင်ယာလော့ဂ် = dialogue； 等等。直接借用加缅甸语词素成分共同
构成的如：စမောလေး = small + လေး；စမတ်ကျ = smart + ကျ；ပလပ်ကျွတ် =
plug + ကျွတ်；ဘန်းလိုက်မယ် = ban လိုက်မယ်；အိုဗာတင်း = over + တင်း；
ဘီလူးကား = blue + ကား；ခရလား = cute + လား；等等。

英语词汇借入的情况，与英语早就在缅甸语中根深蒂固的影响
力密不可分。缅甸学者 ဒေါ်မွန်မွန်အောင် 在其一项调查中发现，近几年
缅甸语中直接引用英语的情况日趋增多，并认为缅甸语中借用了英
语词汇，有利于丰富缅甸语的外来词汇和新事物的表达，促进缅甸
语的发展和人们的社会交往。[①] 这些网络词汇虽然并没有被正式纳入
规范化的缅甸语，却丰富着人们尤其是年轻人的日常表达。

（三）语法的变异

按照常规的组词造句规则，缅甸语的一般语序为主宾谓，各种
句型都有严谨的语法规则。但在社交网络平台上出现的一些用法，
却打破了常规的语法规则，如 "ဘာလား"，其实是要表达 "ဘာလဲ"
（什么）。在缅甸语中，使用疑问代词 "ဘယ်/ဘာ" 和特殊疑问句句
尾助词 "လဲ" 可构成一般疑问句句型，如 "ဘယ်သူလဲ။"（谁？）。而
一般疑问句则可由 "名词 + လား" 或 "动词 + သလား" 构成，如

---

① မွန်မွန်အောင်၊ ဒေါက်တာ။ (၂၀၁၈) ။ မျက်မှောက်ခေတ် မြန်မာဟန်းနယ်များတွင် အင်္ဂလိပ်စကားသင်္ကေတရော
သုံးမှုကို လူမှုဘာသာဗေဒရှုထောင့်မှ လေ့လာချက်။ Myanmar Academy of Arts and Science (MAAS) XVI,
no. 6B.

"သူလား။"（是他吗？）。"ဘာလဲ" 是由 "ဘာ" 提出的特殊疑问句型，表示 "什么？"。网络空间上出现的 "ဘာလား" 则是由特殊疑问代词 "ဘာ" 加一般疑问句句尾助词 "လား" 共同构成的，违反了原有的语法规则，是网友故意创作使用并达到搞怪求异的目的。

"သလား" 是 "သိလား"。"သိလား" 是由动词 "သိ"（知道）和一般疑问句句尾助词 "（သ）လား" 构成的一般疑问句型，按照语法规则，准确的应为 "သိသလား"，表示疑问 "知道吗？" 的意思，口语中常省略 "သ"，只说 "သိလား။"，这属于口头表达中的语法省略现象。但 "သလား" 在语法中是语尾助词，可由 "动词＋သလား" 构成一般疑问句型。网民们所谓的 "သလား" 却等同于 "သိသလား" 的意思，除了有简化的意味，也更体现了在网络交际中求新求异的个性化心理。

缅甸语和汉语一样，虽然词和词组不是句子，但是在一定的环境中，词和词组都可以成为句子。① 由此，我们同样也可以在网络上看到很多能单独表达完整意义的词或词组。

"မ်ပု" 即 "မရဘူး"（不可以，不行），此处本为一个由 "မ＋动／形＋ဘူး" 构成的简单否定句式，为了简化，被网民改造成了用辅音字母 "မ" 直接加一个上加符号 "-ဲ" 表示 "မရ"，否定语尾词 "ဘူး" 用 "ပု" 代替。"ပု" 有时也被用来指代否定式 "မဟုတ်ဘူး"（不是）的意思。类似的拓展又如 "မြုပု"，就是 " မယုံဘူး"（不信，不相信）的意思，亦为一个由 "မ＋动／形＋ဘူး" 构成的简单否定句式，第

---

① 汪大年：《缅甸语汉语比较研究》，北京大学出版社，2012，第 325 页。

一个音节"ဗ"和第二个音节"ယုံ"合音后变成了"ြမ္ၚ",当然"ြမ္ၚ"在缅甸语词汇中可作名词、量词和动词使用,[1] 在此也只能说是巧合,与其实际词义并无关联。如上例就是运用了拼音符号的变异组合方式来达到个性化表达效果。

(四)语义的变异

语言的变化发展,也包括了语义的变化发展。语义可随着社会的变化发展出现语义泛化、语义的变异等。

如"နန်းဆန်","နန်း"为"宫廷","ဆန်"是"相似,相像,符合",两词搭配本指"宫廷式的",常用来形容宫廷式的、高贵典雅的事物。随着社会的发展,在现代与传统的碰撞过程中,传统的事物反而越让人觉得弥足珍贵。缅甸传统女性的美,往往被认为是穿着缅甸传统服饰,行为举止优雅。但现代时尚的到来,让这种传统美也受到了冲击,很多女孩子都开始追求所谓的时尚,因而在穿着打扮上既能保持缅甸传统优雅的美,又在行为举止方面表现得优雅得体的女孩子,往往被夸赞为"နန်းဆန်"。

"ပဲများ"主要用来形容喜欢用夸张的打扮来凸显自己漂亮或吸引异性的女孩子。如"ချစ်သူ ဒီမနက် ပဲများနေပါလား၊ ဘယ်ဒိုးမလို့လဲ။"[2](亲爱哒,今天可真漂亮!准备去哪儿?)。从通常的语义来看,"ပဲ"指

---

① 关于ြမ္ၚ,参见北京大学东方语言文学系缅甸语教研室:《缅汉大词典》,商务印书馆,2009,第712页。

② Aung Kyaw Oo, Phyu Phyu Win, *Dictionary of Myanmar Slang and Vulgarism*(Yangon: DUTY Sarpay Publishing House, 2022), p.42.

名词"豆子、豆类","များ"为形容词"多的",连在一起构成偏正结构词组"豆子很多"的语义。对于该词,缅甸人也有着不同的理解,但都源于缅甸人的日常食材——豆子。缅甸人大多喜食豆类,是日常烹煮中的家常菜品。有人这样理解:在煮干豆子的时候需要加水到锅里一起煮,而且需要较长时间才能煮软煮烂,这样吃起来口感才会好;如果没有经验,往锅里放入太多豆子熬煮,就会因豆子过多水不够而出现无法煮透煮烂的情况,这种情况,缅甸人就会说"မနူးမနပ် ဖြစ်နေတယ်၊ အပြုတ်လို့သေးတယ်။"(豆子煮得还不够软烂,还需要再继续加水煮),而这句话中的"အပြုတ်လို့"即为"还需要继续再煮"的意思。缅甸网友借着这个词的发音,联想到了另外一个发音接近的词"အပျိုလုပ်"(做单身女、剩女),从而通过谐音的方式把两个本来毫无关联的词和概念联系到了一起,"ပဲများရင် အပြုတ်လို့"就等于在说"ပဲများရင် အပျိုလုပ်","豆子放多了你还得继续多煮,装扮过于夸张你就等着做剩女吧"。在缅甸,不管是男性还是女性,装扮过于夸张都不会招人喜欢,因而用"ပဲများ"来嘲讽那些平时装扮过于夸张的女性,认为这样的女孩子不具备传统美,不会有人喜欢,最终只能做单身女,甚至认为这样的女孩子是故意夸张装扮以勾引异性,该词被赋予了更多的贬义色彩。也有人认为,缅甸人吃豆类菜肴太多,会吃腻,从而认为豆子多了会让人吃腻、反胃等意思,从而用这样的概念表示对那些过于浓妆艳抹的女性的反感。不管是哪种解释,在最终的认知上都是保持一致的。起初,用于形容那些打扮过度的女孩子,为了突出显眼以引起别人尤其是异性的注意,随着社会的发展变化,该词的语义慢慢趋向贬义化,用于形容甚至嘲讽那些别有用心的女孩子为了吸引异性注意而刻意浓妆艳抹，打扮妖娆等。

这些词组或短句，往往源于日常常规语言，只是在表意上发生了变化，往往带有隐喻性。隐喻的本质就是通过另一种事物来理解和体验当前的事物。概念是以隐喻的方式建构，活动也是以隐喻的方式建构，故此，语言也是以隐喻的方式建构。[①] 这几乎在所有语言中都会存在，缅甸语也不例外。在缅甸网络社交用语中，也有不少词句在现实语义的基础上，通过隐喻或转喻的方式建构出另一不同的语义项。如 "လေးလုံး" 原指 "四个"，指代 "（近视）戴眼镜的人"；"ရေလျှံ" 原指 "（水满）溢出来"，"ရေပေါ" 原指 "水很多"，都用以指代 "很有钱，财产多"。相反，"ရေခန်း" 本指 "水少干涸"，用以指代 "没有钱了" 的意思。类似的还有：လိုင်စင်ရှိ=ရည်းစားရှိသူ；ပိန်း/ပိန်းဉ=အသည်；ရွှာလည်=လိုရင်းမရောက်ဘဲတွေ့သည်；အလင်းပြ=မသိသူကိုရှင်းပြသည်၊ ပြောပြသည်；သြဇာသီးတွေမရောင်းနဲ့=အာဏာ(သို့) အမိန့်ပေးသော ကြောင့် မကြိုက်ကြောင်းပြောဆိုသောစကား；ထမိန်ခံစားကောင်=ထဘီမီခံပြီး စားသည့်ကောင် (မိန်းမလုပ်စားထိုင်စားသူ)；အဖြူထည်=အပြစ်အနာအဆာကင်းစင်သောအရွယ်；တစ်လုံးချို့င့် = အဆင့်မရှိသူ； ထောင်နန်းစံ=ထောင်ကျသည်၊ အချုပ်ကျသည်；ပုလဲခ=ဒိုယိုခြင်း；အပ်=သေးသည်；ချဉ်တယ်=မတည့်ခြင်း၊ အမြင်ကတ်ခြင်း၊ မလိုလားခြင်း；等等。

① 乔治·莱考夫、马克·约翰逊：《我们赖以生存的隐喻》，何文忠译，浙江大学出版社，2015，第 3 页。

（五）书写符号的变异

在经济性需求或追求新异的心理等因素的驱使之下，网民也会改变一些传统的基本字符或标点符号的搭配。

1. 基本字符

缅甸语中的基本字母符号，包括辅音字母符号、元音字母符号、特殊字符符号、声调符号等。一般情况下，一个完整的音节由"辅音符号＋元音符号＋声调符号（有时无）"组成，如"စား"，其构成为三个部分：辅音符号 စ ＋元音符号 ာ ＋声调符号 း 。

在网络社交用语中，网民也创造了一些非常规的符号组合形式，如"ညေ့း။ ကျန်း။ မွား။ ၁ဘွား။ ဘၢဘွၢးး။ ၁ဘွၢၢၢၢးး။"，通过增加元音符号的数量或声调符号的数量，达到强调语气、突出语义等效果；又如"ကွီး၊ မွီး၊ ဘွီး၊ ကြော၊ မ်ပု"，通过打破传统的拼写规则来使原有的书写异化。这些拼写效果的实现也得益于字体的改革和统一，现有的万国码兼容性更强，也易于掌握。另外，在转写外来词的过程中，也会出现一些非常规的拼写组合，如 ခရက်ရှ်＝crush；ဖျန့်/ဖရင့်＝friend。当然，语言接触过程中肯定存在一些不能完全找到对应的注音或转写方式，而此时打破传统的拼写规则，运用原有的符号体系来实现转写也是顺其自然的选择。缅文是拼音文字，抛开传统的语法规则的话，字母符号在拼组过程中其实就拥有了较大的自由性，这种包容性强的特点也给网民留下了较大的创作空间。

2. 标点符号

在缅甸语的传统标点符号系统中，标点符号主要有两种，即

"|" 和 "‖"，用以表示停顿、词语的性质和作用等，此外也会用括号（如 "က"）、下划线（如 "ဃ"）等用以辅助说明或强调。[①] 传统句子中，一般用 "|" 表示逗号、顿号、分号等停顿，用 "‖" 表示句号、问号、感叹号等停顿。网络上，一方面，逐渐出现减少使用甚至不使用标点符号的情况，追求简约简单；另一方面，在国际化的今天，语言接触影响下也有引入问号、双引号、单引号等其他语言的符号来表现。

四、结语

缅甸语网络社交用语是现代缅甸语中的一种社会语言变异形式，是为适应网络交际的语言环境而出现的一种特别的语言变体。这种变异在网络上主要表现为语音、词汇和语法以及数字、文字符号等的使用上。"流行语的创造和使用主体青年一代，比中老年人更具有创造想象的广度和奇异度。因为过了这一阶段，随着经历经验的不断增加，一般的说话语用意识则逐步朝守旧和规范的方向回归，这是已经被许多语言事实证明了的规律"。[②] 网络语言变异给传统社会通用语言规则带来了一定程度的影响，并体现了人们不同的认知方式、生活方式、话语权利变迁等文化价值观。[③] 因此，了解缅甸人尤其是青年人在网络上使用的交际用语，不仅可以了解社会通用缅

[①] ပညာရေးဝန်ကြီးဌာန မြန်မာနိုင်ငံတိုင်းရင်းသားဘာသာစကားဦးစီးဌာနမြန်မာစာအဖွဲ့။ ၂၀၁၈။ မြန်မာသဒ္ဒါ။ မြန်မာစာအဖွဲ့။ စာမျက်နှာ ၃၅၃၇။

[②] 夏中华：《面向多种媒体的当代汉语流行语研究》，中国社会科学出版社，2016，第 41 页。

[③] 胡青青，李伦：《网络语言变异现象的哲学反思》，《湖北大学学报（哲学社会科学版）》2015 第 42 卷第 1 期。

甸语在网络上的变异情况，还能透过这些变异现象，进一步了解缅甸网民的认知、思维与社会文化等之间的关系。

在科技发展的今天，网络上出现的日常交际用语，无不继续证明缅甸语在不断地演变和发展。跟许多国家的情况相似，网络社交用语出现之初也遭到了传统语言学家的反对和质疑。"如今在社交媒体（脸书）上出现了一些缅甸人自己也看不懂的文字符号，这种现象始于年轻人，这些用法不仅在社交媒体上被使用，甚至还传播到了现实社会交际中"。[①] 诸如此类，缅甸一些语言学家一开始也仅从传统的语言规范使用角度，分析认为网络社交用语只是一种错误的语言使用形式，对传统的常规语言而言是错误的引导，并呼吁大家进行规范以便保护民族传统语言。出于保护民族文化传统本身并没有错，但社会在发展，语言也在发展。对"网络日常交际用语"不能一概否定，简单地认为是语言生活中的混乱现象，而应该从语言社会变异角度进行客观研究。[②]

语言总是在变化发展的。通过了解当下社会通用缅甸语在网络中的使用情况，能从另一个侧面帮助我们更好地了解缅甸语的变异和发展，从中发现缅甸语在网络中不一样的一面。有些用语也被转到了现实社会的使用当中，日益丰富和推动着缅甸语的发展。

[①] ဒေါက်တာမွန်မွန်အောင်။ ၂၀၁၈။ မြန်မာ့ယဉ်ကျေးမှု၊ စာပေနှင့်ဘာသာစကား ထိန်းသိမ်းရေး၊ အခြေခံကျွန်းမာရေး တက္ကသိုလ် (၂၀၁၈ ခုနှစ် နှစ်လည်မဂ္ဂဇင်း)၊ စာမျက်နှာ ၃၅-၃၇။

[②] 戴庆厦：《社会语言学概论》，商务印书馆，2004，第 64 页。

·缅甸研究动态摘编·

一、论文

1. 祝湘辉:《族群冲突与国家建构：全球视野中的缅甸研究》

随着"一带一路"倡议的推进，中国周边外交格局得到了重塑，区域国别研究越来越受重视。近年来中国的缅甸研究也取得了长足进展。在国外，缅甸研究是亚洲研究的一部分，一些学者将缅甸研究的概念和模型扩展开来，打开了一个更广阔的领域和空间。本文在全球视域下，以族群冲突与国家建构为逻辑主线，以不同时期国际缅甸研究的代表性著述为文本案例，尝试建构缅甸研究之历史进程，剖析不同思潮、理论和方法之短长，透视国际性与本土化在区域国别研究中的相互影响和能动作用。当前缅甸研究还存在精细化的空间，应以问题为导向，更加全面客观、具体深入。

来源：祝湘辉:《族群冲突与国家建构：全球视野中的缅甸研究》，《东南亚研究》2021 年第 1 期。

2. 孔鹏、陈丽:《越缅关系与越南的地区外交方略》

"安全""发展""崛起"是越南地区外交行为的驱动因素。同时，受社会制度、国家体量和地缘环境的制约，越南对外战略和地区外交受到意识形态和战略准则的规制，但更多时候并不会僵硬执行，而是局限性和灵活性并存。本文通过回顾越南与缅甸关系的发展，发现越缅关系长期稳定友好，未受各自国内政治变迁和外部环境的严重影响。在两国关系发展过程中，越南表现得更加积极主动，双方高层互访频繁，政治关系不断提升，经济合作密切，贸易投资持续增长，国防安全交流合作提质升级，在国际场合相互理解和支持，集中体现了越南的地区外交方略。随着越南革新开放的深化、经济社会的发展和国家实力的增强，越南的地区外交将会更加积极主动，更加重视周边地区，为其国家建设和发展营造理想的外部环境，实现国家利益最大化。

来源：孔鹏、陈丽：《越缅关系与越南的地区外交方略》，《云大地区研究》2021 年第 2 期。

3. 扎亚尔·雷·瑞：《为什么民盟未能巩固缅甸的民主转型》（Zayar Lay Swe, "Why the NLD Fails to Consolidate Democratic Transition in Myanmar"）

缅甸民众和国际观察家都期待全国民主联盟（NLD，简称民盟）能够巩固民主转型，因为民盟获得了国内外一定程度的支持，但在其执政的五年中，转型并未取得明显进展。这源于民盟面临结构障碍和机构障碍，结构障碍包括民主转型进程、宪制、经济和政治环境，机构障碍包括领导人、军队和民众。文章探讨了民盟没有充分利用已有优势化解这些障碍，反而因急于巩固政权而加强了结构障碍，只是在现有框架下寻求回旋余地，且民主转型方式过于依赖领导人的个人魅力。

来源：Zayar Lay Swe, "Why the NLD Fails to Consolidate Democratic Transition in Myanmar," *Asian Journal of Comparative Politics*, Sagepub, October 4, 2021, https://journals.sagepub.com/doi/

full/10.1177/2057891121103928。

4. 坡耶掸:《缅甸外交政策:合法性与战略文化的转变》(Po Pyae Shang, "Myanmar's Foreign Policy: Shifting Legitimacy, Shifting Strategic Culture")

文章提出了缅甸外交政策中的战略文化概念,关注大国视野之外的缅甸外交政策。文章认为,2011 年以来,虽然巩发党(USDP)和民盟(NLD)政府都坚持"独立、自主、不结盟"的外交原则,但在外交事务的具体处理上差异较大,这受到战略文化的影响。缅甸战略文化的基石是:(1)绝不容忍外国干涉;(2)外交上始终自力更生;(3)独立自主是根本。

文章包括四个部分。首先,概述了战略文化的概念、文献综述和基于新古典现实主义外交政策模型的理论框架;其次,文章探讨了缅甸战略文化的来源和结构;再次,文章分析了战略文化对巩发党和民盟政府外交政策的影响;最后,研究结论提出缅甸的战略文化是影响该国政府领导人外交决策的潜在因素。

来源: Po Pyae Shang, "Myanmar's Foreign Policy: Shifting Legitimacy, Shifting Strategic Culture," *Journal of Current Southeast Asian Affairs,* Sagepub, October 22, 2021, https://journals.sagepub.com/doi/full/10.1177/18681034211044481。

5. 梅尔·雷诺:《缅甸的不对称联邦制:现代的曼陀罗制度?》(Mael Raynaud, "Asymmetrical Federalism in Myanmar: A Modern Mandala System?")

2021 年 2 月 1 日在缅甸发生的军事政变相当于该国 2008 年宪

法在事实上的中止。政变后，长期反对宪法的缅甸民主反对派宣布废除宪法。它现在正致力于为该国制定和采用联邦政府制度。这种联邦的未来在很大程度上受到前殖民时代缅甸政治组织的启发。与东南亚其他地区一样，前殖民时期的缅甸被定义为权力关系的转变，这些关系被描述为曼陀罗制度。今天，缅甸的民族武装团体已经发展出独立于中央国家的"自治邦"，提供公共管理和其他形式的治理。种族对联邦制的要求包括不对称的领土安排，涉及"保留领土"或"自治区"等术语。2008年《宪法》本身规定，存在六个未被赋予"邦"地位的少数民族"自治区"。因此，缅甸未来的任何联邦制度都可能是"不对称的"，尽管缅甸极不可能废除现代韦伯国家。缅甸的不对称联邦制将是一个现代曼陀罗制度和韦伯国家共存的制度。

来源：Mael Raynaud, "Asymmetrical Federalism in Myanmar: A Modern Mandala System?" 2021/155 ISEAS Perspective, Yusof Ishak Institute, Singapore, November 23, 2021, https://www.iseas.edu.sg/articles-commentaries/iseas-perspective/2021-155-asymmetrical-federalism-in-myanmar-a-modern-mandala-system-by-mael-raynaud/#:~:text=Asymmetrical%20federalism%20in%20Myanmar%20will%20thus%20be%20a,is%20supported%20by%20the%20Konrad%20Adenauer%20Foundation%20%28KAS%29。

6. 祝湘辉、秦羽：《政党属性、决策主导权与美国对缅甸政策的变迁》

随着中美竞争日益加剧，美国在东南亚针对中国全方位出击，给中国周边安全带来了不确定性和挑战。而与此形成悖论的是，美国对缅政策却反其道而行之，美国并未随着中美竞争而加紧拉拢缅甸。通过比较研究冷战后四届美国政府对缅政策的变迁，本文发现美国对缅政策的形成受到政党属性和决策主导权的影响，两者共同决定了美国对缅施压的强度。政党属性影响了总统偏好，决策主导权转移是对缅政策调整的主要动力。如果美国修改对缅政策的首要目标，以阻遏中国崛起，那么美国在缅甸的行为模式和手段将有深度调整。

来源：祝湘辉、秦羽：《政党属性、决策主导权与美国对缅甸政策的变迁》，《南亚研究》2021 年第 2 期。

7. 赵瑾:《缅甸蒲甘文化的源与流》

公元 10 世纪前后，缅族从云南进入缅甸境内。缅族进入缅甸后很快与族源相近的骠族融为一体，并继承了骠族的物质和精神文明。缅人以骠文化、孟文化为基础，吸收了部分印度文化，创造了以上座部佛教为核心的蒲甘文化。蒲甘文化内涵丰富，包括宗教、文字、碑铭、佛教建筑、雕刻、绘画等内容。其中，佛教建筑、雕刻、绘画等方面的成就远远高于文字和文学方面的成就，达到缅甸佛教建筑史上的最高水平。在蒲甘文化形成过程中，骠文化、孟文化和印度文化以各自不同的方式发挥了作用和影响，而缅人则为蒲甘文化的发展提供了物质基础。蒲甘文化是缅甸文化的基石，其影响一直持续到今天。以上座部佛教为核心的蒲甘文化对佛教的发展做出了贡献，也对东南亚佛教文化圈的形成起到了关键作用。

来源：赵瑾:《缅甸蒲甘文化的源与流》，《南亚东南亚研究》2021 年第 4 期。

8. 范宏伟、吴思琦：《美国制裁缅甸政策的形成过程与路径——以国会与政府互动为视角（1988—2008）》

缅甸问题自 1988 年产生后，一直延续至今。在随后的 20 年中，美国的缅甸政策逐渐强硬，出台了四部制裁缅甸的支柱法案，形成了对缅制裁政策的基本框架。在这一政策形成过程中，府院之间、不同政党之间因在价值观外交与现实利益方面界定的分歧，华盛顿的外交决策充满了矛盾、妥协以及协调。在国会方面，两党虽在对缅问题积极性上有所不同，但由于美国与缅甸间利益关联较小，两党整体上在对缅强硬上拥有较高共识；在政府方面，由于利益较少以及官僚机构政策的延续性，将政策制定的主动权较多让渡给国会，同时基于措施的有效性和利益相关性，而又与国会有所冲突。国会内部，民主党的党派属性在推出对缅制裁法案时发挥了重要作用，同样，政党属性也影响到政府对缅接触和施压的强度。相比之下，克林顿的民主党政府对缅采取了更积极、主动的接触与外交斡旋，而小布什的共和党政府则更倾向于对缅强硬和施压。

来源：范宏伟、吴思琦：《美国制裁缅甸政策的形成过程与路径——以国会与政府互动为视角（1988—2008）》，《厦门大学学报（哲学社会科学版）》2021 年第 6 期。

9. 宋清润、郝雪妮：《当前缅甸政局发展及前景评估》

2021 年 2 月 1 日军方重新执政以来，缅甸民主转型出现波折，内政外交陷入困境，加之新冠肺炎疫情暴发，缅甸处于近 10 年来最困难时期。政治社会层面，各方和解困难，军方与民盟等反对派及双方支持者的政治博弈从和平转向暴力；互联网对政治发展的影响凸显，政治博弈线上线下密切结合；经济严重下滑，民生艰难；外交陷入孤立，缅甸国家管理委员会与东盟关系倒退，与美国等西方国家关系恶化。一年多来，缅甸国家管理委员会在稳定政局、防止经济下滑、打破外交困境、防治新冠肺炎疫情方面做出许多努力。未来缅甸局势将复杂多变，由于东盟和联合国加大斡旋与施压力度，缅甸国内政治和解有望出现进展，但面临的挑战仍多、冲突难止。

来源：宋清润、郝雪妮:《当前缅甸政局发展及前景评估》,《和平与发展》2022 年第 2 期。

10. 钟小鑫:《从神话显现看缅甸对印度族裔群体的认知变迁——兼论缅甸族群政治的生成模式》

印度人及其文明在缅甸历史发展进程中扮演了重要角色，缅甸也因此被学界视为"东南亚的印度化国家"之一。缅甸印度人的社会角色与族群形象在不同时期经历了数次关键性转变，考察这些转变发生时的历史情境可以为理解当今缅甸的族群政治提供路径。本文考察了一则在缅甸广为流传的神话传说——岛彪神话的版本流变，关注其在缅甸王朝时代、殖民时代和当代语境中的表述差异，试图以此来透视缅甸印度人社群的历史变迁。本文认为，缅甸的印度人社群在历史变迁中经历了一个不断被化约的过程，他们从一个复杂的族群复合体逐渐被化约为充满负面意义的单向度人群。族群化约主义并非只发生在印度人社群之中，而是缅甸族群政治生成模式中的普遍性逻辑。

来源：钟小鑫:《从神话显现看缅甸对印度族裔群体的认知变迁——兼论缅甸族群政治的生成模式》,《世界民族》2022 年第 2 期,

第 101—111 页。

11. 莫杜扎、特苗敏吞:《缅甸民族团结政府:反对政变的激进安排》(Moe Thuzar and Htet Myet Min Tun, "Myanmar's National Unity Government: A Radical Arrangement to Counteract the Coup")

缅甸军方于 2021 年 2 月 1 日罢免了全国民主联盟政府,到 2021 年 4 月,成立了国家管理委员会(SAC)来接管政权。为了抗议这一转变,民主选举的立法者在政变中处于边缘地位,迅速组建了民族团结政府(NUG),作为该国的替代政治代表,实际上是作为一个影子政府。民族团结政府的内阁阵容明显且有意识地多样化。这表明它打算吸引缅甸许多民族武装组织的支持。民族团结政府一直在发表一系列声明,以展示其雄心壮志,如纠正过去对缅甸各地社区和少数民族群体的不公正待遇,以及在国内外建立其合法性。展望未来,民族团结政府面临的巨大挑战在于如何处理与民族武装团体的关系以及在区域和国际对话中的不同利益。

来源:Moe Thuzar and Htet Myet Min Tun, "Myanmar's National Unity Government: A Radical Arrangement to Counteract the Coup," 2022/8 ISEAS Perspective, Yusof Ishak Institute, Singapore, January 28, 2022, https://www.iseas.edu.sg/articles-commentaries/iseas-perspective/2022-8-myanmars-national-unity-government-a-radical-arrangement-to-counteract-the-coup-by-moe-thuzar-and-htet-myet-min-tun/。

12. 素孟丹茵昂：《缅甸寻求联邦和民主未来：考虑、制约和妥协》(Su Mon Thazin Aung, "Myanmar's Quest for a Federal and Democratic Future: Considerations, Constraints and Compromises")

在缅甸 2021 年 2 月 1 日军事政变前，全国团结协商委员会（NUCC）组织了一次在线"人民大会"。全国团结协商委员会是民主力量和民族武装组织的政治联盟，作为平行治理体系中的决策机构。来自不同政治团体的近 400 名代表加入议会，通过了联邦民主宪章（FDC），重申了民族团结政府（NUG）的成立，并拒绝了缅甸的军事统治。因此，这次大会为全国团结协商委员会和民族团结政府开创了一个不受挑战的政治合法性的新时代，并接受联邦民主作为该国未来的基本原则。然而，缅甸真正的斗争并不是国际媒体通常描绘的军方和反军方之间的战斗。冲突远不止于此，不仅反映了国家与社会的民主争论，也反映了国家建设的失败。缅甸是世界上最具有种族多样性的国家之一，自 1948 年独立以来，缅甸的少数群体一直受到压制，这体现在他们参与政治进程，资源和经济产品的分配，以及他们在缅族统治下的社会、文化和宗教权利等方面。缅族主导的专制国家和国家建设的失败是各民族拿起武器反对中央政府并寻求更大自治权的根本原因。因此，全国团结协商委员会的出现仅仅视为推翻军政府的企图，并不能解释缅甸危机的根本原因。通往联邦民主愿景的道路并非没有挑战。虽然全国团结协商委员会内部的大多数政治力量对该国的联邦制、民主价值观及目标都有相似的看法，但他们面临着许多严峻的挑战。尽管如此，利益攸关者已经表明，他们坚定地致力于通过逐步解决这些制约因素和潜在陷阱来与军队抗争。

来源：Su Mon Thazin Aung, "Myanmar's Quest for a Federal and Democratic Future: Considerations, Constraints and Compromises," 2022/28 ISEAS Perspective, Yusof Ishak Institute, Singapore, March 18, 2022, https://www.iseas.edu.sg/articles-commentaries/iseas-perspective/2022-28-myanmars-quest-for-a-federal-and-democratic-future-considerations-constraints-and-compromises-by-su-mon-thazin-aung/。

13. 昂吞：《缅甸政变后的移民：塑造国家未来的关键因素？》（Aung Tun, "Migration in Post-coup Myanmar: A Critical Determinant in Shaping the Country's Future?"）

自缅甸 2021 年 2 月军事政变以来，内部和外部移民已成为一种明显的社会动员形式。一个关键原因非常清楚：安全问题。许多缅甸人被迫躲藏起来，有人则为了避免国家管理委员会（SAC）政权犯下的暴行而逃离。此外，许多人选择移民，准备以各种方式抗议军政。有些人移民是为了生存，因为缅甸的许多企业已经关闭，缅甸遭受了政变和 COVID-19 的叠加影响。总的来说，数十万缅甸移民在相当短的时间内持续流动。这种情况可以被称为"缅甸移民时刻"。事实上，移民将继续，直到该国恢复政治和经济稳定。这将是困难的，需要一个给缅甸带来和平的政治解决方案。这意味着缅甸的移民时刻可能会是持久的，并且可能会对缅甸的现在，不久的将来，以及长期的政治、社会和经济格局产生严重影响。这种移民可能会彻底重塑缅甸。

来源：Aung Tun, "Migration in Post-coup Myanmar: A Critical Determinant in Shaping the Country's Future?" 2022/37 ISEAS Perspective, Yusof Ishak Institute, Singapore, April 13, 2022, https://www.iseas.edu.sg/articles-commentaries/iseas-perspective/2022-37-migration-in-post-coup-myanmar-a-critical-determinant-in-shaping-the-countrys-future-by-aung-tun/。

14. 安德斯·柯尔斯坦·穆勒：《国际社会需要为后缅军时代的缅甸做好准备》（Anders Kirstein Moeller, "The International Community Needs to Prepare for a Post-Tatmadaw Myanmar"）

自 2021 年 2 月缅军重新接管政权以来，缅甸陷入一场复杂、多层面的内战，缅军面临重大挑战。为了避免出现权力真空，国际社会需要注意并进行规划。即使无视一些要求向民族团结政府（NUG）提供军事援助的呼吁，也有很大的空间与它及其他民主力量接触。经济援助和能力建设是两种可能的接触形式，如果军事政权垮台，这两种形式都将大大减少国家失败的可能性。如果没有建设性的干预，缅甸很可能面临旷日持久的冲突。因此，开始积极规划可能的政权更迭，并尽早颁布，符合国际社会的最佳利益。这种规划至少有三条途径：首先，有兴趣稳定缅甸局势的国家要"接受现实"，真正与缅甸的民主反对派接触；其次，国际社会应该建立一个由东盟、西方大国和中国组成的外交联盟，同意承认和支持民族团结协商委员会提出的新联邦宪章，哪怕缅军拒绝承认；最后，西方国家（以及邻国）应该提供更多的人道主义援助，这不仅可以让缅军的受害者得到喘息，还可以释放出民族团结政府的一些精力和资源，专注于其军事战略。

来源：Anders Kirstein Moeller, "The International Community Needs to Prepare for a Post-Tatmadaw Myanmar," 2022/65 ISEAS Perspective, Yusof Ishak Institute, Singapore, June 17, 2022, https://www.iseas.edu.sg/articles-commentaries/iseas-perspective/2022-65-the-international-community-needs-to-prepare-for-a-post-tatmadaw-myanmar-by-anders-kirstein-moeller/。

二、研究报告

1. 戴维、歌利亚:《处于十字路口的缅甸武装反抗力量》(David and Goliath, "Myanmar's Armed Resistance at the Crossroads")

研究报告认为，缅甸国内反对政变的武装抵抗，除了增加死亡人数，并没有给缅甸带来什么改变。据估计，数十万年轻人在边境秘密地点接受地下训练，此外，因为害怕间谍混入，加入人民防卫军（PDF）非常困难。PDF 获得了成功，但是为此付出了高昂的代价。克钦独立军（KIA）和克伦民族联盟（KNU）训练 PDF，并与其共享一些武器。这是一场力量悬殊的较量，给平民带来了可悲的结果。除了伤亡者和流离失所者人数激增，缅甸军政府还面对着一个新的对手——新冠肺炎疫情，新冠病毒正在打击着缅甸的武装力量，蔓延到该国主要城市的指挥总部、营和部队。随着士兵、将军和指挥官被感染，由于缺乏氧气和医疗设备，将军们只能释放一些在政变前犯下罪行的囚犯，以防止病毒传播。有人希望新冠肺炎疫情能够对军政府造成严重的打击，甚至扭转历史的进程。缅甸人仍然怀有建立一个民主国家的希望。

来源：David and Goliath, "Myanmar's Armed Resistance at the Crossroads," *The Diplomat*, July 27, 2021, https://thediplomat.com/2021/07/david-and-goliath-myanmars-armed-resistance-at-the-crossroads/。

2. 美国和平研究所:《在缅甸，将军们掌控的地区正在分崩离析 》(USIP, "In Myanmar, the State the Generals Seized Is Coming Apart")

美国和平研究所发布的研究报告显示，随着少数民族军队扩大势力范围和抵抗组织拿起武器，政变后的缅甸正在分崩离析。政变引发的混乱和动荡已经使这个国家走到了失败国家的边缘。特别是在民族武装组织控制的地区，新的治理形式正在总司令敏昂莱的政治改革战争留下的真空中形成。缅甸国家的解体对该地区，特别是对中国有重大影响。随着军方和民兵组织加大对控制权争夺的力度，跨国犯罪活动正在扩大，进而影响到"一带一路"下的贸易和商业。更重要的是，由于军政府继续以铁腕手段控制国家，一场毁灭性的人道主义灾难正在蔓延。对于中国来说，缅甸的崩溃已经威胁到了国家安全，例如飞越国境的炮弹和 COVID-19。

来源：USIP, "In Myanmar, the State the Generals Seized Is Coming Apart," August 19, 2021, https://www.usip.org/publications/2021/08/myanmar-state-generals-seized -coming-apart。

3.《缅甸的全面战争正在酝酿中》（"Myanmar's All-Out War in the Making"）

研究报告表示，2021 年 9 月 7 日，缅甸民族团结政府（NUG）宣布对军政府全面开战。自民族团结政府宣布这一消息以来，缅军变得更加警惕，在城市部署了更多的军队。基于缅军自 2021 年 2 月以来的行动，政变只会进一步使军方领导人更为重视权力。随着国家的分裂，缅甸的政治危机已经席卷了该国社会经济生活的各个层面，并动员了广大群众进行武装斗争。在这种情况下，寻求停火已成为徒劳。民族团结政府和缅甸国防军都不想进行对话，因为无论付出什么代价，他们都确信自己即将取得胜利。目前，缅甸的抵抗运动无法逃避缅军拥有更多资源和装备更好的部队的现实。就在不久之前，这个国家孕育了在军队的支持下实现民主的希望。毕竟，是军方释放了昂山素季，并启动了 21 世纪头 10 年的政治改革和经济改革。缅甸强大的军队是当前不可动摇的现实。缅甸抵抗运动面临的真正问题可能不是推翻缅甸国防军，而是如何促使其现任领导层发生变化。

来源："Myanmar's All-Out War in the Making," *The Diplomat*, September 17, 2021, https://thediplomat.com/2021/09/myanmars-all-out-war-in-the-making/。

三、著作

1. 宋清润、张伟玉：《缅甸史话》

缅甸国土面积在东南亚位居第二，地缘位置重要，资源丰富，发展前景看好。缅甸是与中国有着2210多千米边界线的友好邻邦，是"一带一路"沿线重要国家之一。本书以翔实的史料、生动的语言，介绍了缅甸古代时期一度辉煌的历史与文化，分析了19世纪缅甸沦为英国殖民地后的窘境，阐释了缅甸曲折艰难的国家独立进程，剖析了缅甸独立后在资本主义民主与军人统治之间的多次政治轮回，重点介绍了缅甸近年来政治转型进程与快速发展态势，展望其发展前景。书中还在不同章节介绍了缅甸不同时期的外交，分析了中缅关系自古至今的复杂演变。

来源：宋清润、张伟玉：《缅甸史话》，中国书籍出版社，2020。

2. 埃德蒙·R. 利奇：《缅甸高地诸政治制度——对克钦社会结构的一项研究》(E. R. Leach, Political Systems of Highland Burma: A Study of Kachin Social Structure)

作者身兼人类学家和英国军官两职，其于二战期间在缅甸北部山区开展田野工作，根据所见及资料著成此书。全书以历史的和动态的视角反思了社会科学中的"社群""文化"和"仪式"等核心概念，用细致的民族志资料展现出克钦人的政治结构变迁及其与周边人群的互动。第一章问题与背景中阐述了克钦社会的生存环境，掸人、克钦人及其分支等内容；第二章克钦贡萨社会的结构中阐述了帕朗社区，克钦贡萨社会的结构性范畴等内容；第三章结构上的变数中阐述了贡劳和贡萨，贡萨和掸人，克钦历史上的证据等内容。本书不但是人类学和民族学的书目，而且对社会学、历史学、政治学和文化研究等学科也具有一定的参考价值。

来源：E. R. Leach, *Political Systems of Highland Burma: A Study of*

Kachin Social Structure(London: Routledge Taylor and Francis, January 2021)。

3. 彼得·约翰·佩里:《1962 年以来的缅甸：发展的失败》[Peter John Perry, Myanmar (Burma) since 1962: The Failure of Development]

为什么缅甸这个资源丰富的国家——大米、木材、矿产——会沦为"最不发达国家"？解释是在缅甸境内还是境外找到？发展的失败是由于政治威权主义和冲突吗？或者毒品交易是部分原因？该书认为，所有这些因素都起了作用。但同时认为，对该国资源的管理不善具有同等甚至更大的重要性。对于缅甸发展失败的问题，要找到一个明确的答案，就要把重点放在滥用资源上，同时关注那些一直强调的因素。

来源: Peter John Perry，*Myanmar (Burma) since 1962: The Failure of Development* (London: Routledge Taylor and Francis, February 2021)。

4. 斯坦伯格·大卫:《缅甸军队：论缅军统治和影响力的寿命》(Steinberg David, The Military in Burma/Myanmar: On the Longevity of Tatmadaw Rule and Influence)

自 1948 年独立以来的大部分时间里，缅甸军方一直主导着这个复杂的国家。2021 年 2 月 1 日第四次政变是军方维护自己利益的最新一次政变。军队的体制权力通过法令统治、它所创立和控制的政党，以及通过它所写的宪法规定来维持，这些规定未经其批准是不能修改的。第四次政变似乎是敏昂莱大将和昂山素季之间的个人对权力的要求，以及军方支持的政党在 2020 年 11 月的选举中败于全国民主联盟手中的产物。缅军继续镇压民众示威，妥协似乎不太可能，以前的双头治理也不会再回来了。缅甸的政治和经济未来岌岌可危。

来源：Steinberg David, *The Military in Burma/Myanmar: On the Longevity of Tatmadaw Rule and Influence,* Iss.6(ISEAS Publishing, Yusof Ishak Institute, Singapore, August 2021)。

（摘编由孟姿君整理）

《缅甸评论》征稿启事

　　《缅甸评论》是由云南大学缅甸研究院主办的专业性国别研究学术刊物，旨在展示和引领缅甸研究趋势，丰富和发展中国的区域国别研究。本刊现每年出版一辑，主题涉及缅甸的政治经济、外交安全、历史文化和语言文学等方面，截稿日期为当年 3 月 31 日。

　　竭诚欢迎国内外专家学者赐稿支持！

一、投稿注意事项

　　1. 选题须聚焦缅甸内政、外交、语言、文学、文化、宗教、社会、历史等方向。

　　2. 来稿须为原创性研究论文，符合学术规范，主题明确，观点鲜明，论证充分，行文流畅，具有较高的学术价值和较强的创新性。

　　3. 论文正文以 12 000—15 000 字为佳，另附 200—300 字的中文内容摘要和 4—6 个（最多 8 个）关键词。

　　4. 来稿注释请参考本刊注释体例，文责自负。

　　5. 在尊重原作的前提下，本刊对来稿可做必要修改或删节，不同意修改者请事先申明。

　　6. 一经录用，主办方将一次性给付稿酬，并赠样刊两本。

　　7. 请勿一稿多投，如三个月内未得到修改或刊用回复即可自行处理。

　　8. 本刊版权所有，如需对刊文进行转载、摘编、翻译或收录，请提前知会主办方，并注明出处，否则视为侵权。

二、投稿要求

来稿论文一律采取网上投稿，请将 word 和 PDF 版稿件一并以附件形式发送至投稿邮箱 ims@ynu.edu.cn，邮件主题格式为:《缅甸评论》投稿—论文名。

请另附作者个人简介、通信地址、手机号码，以便联系。